TrabiTour 2

VMBO-GT

Textbuch

WWW.TRABITOUR.NOORDHOFF.NL

DERDE EDITIE

AUTEURS

Gert Baas
Kees van Eunen
Linda Harshagen
Karoline Heidrich
Marcel den Hollander
Willemijn van Kreel
Arjan Krijgsman
Caroline Maser
Matthias Mitzschke
Yolande Schyns
Anke Vinzelberg
Nienke Vlak

Noordhoff Uitgevers

Noordhoff Uitgevers bv

Inhalt

© Noordhoff Uitgevers bv

Klassensprache

Es tut mir leid, Frau Müller, ich habe meine Hausaufgaben nicht gemacht.
Können Sie das bitte nochmal erklären?
Ich habe Geburtstag. Darf ich Süßigkeiten ausgeben?
Ich konnte gestern nicht lernen. Hier ist ein Brief von meinen Eltern.
Frau Müller, haben Sie um zwei Uhr Zeit für mich?
Dürfen wir zusammen-arbeiten?
Darf ich mich neben Michael setzen?
Es tut mir leid, ich habe mein Textbuch / Arbeitsbuch vergessen.

LANDESKUNDE

Fahrrad und Fahrkarten

Tussen Duitsland en Nederland zijn wel een paar verschillen als het om verkeer en vervoer gaat. Draag jij bijvoorbeeld een helm terwijl je fietst? In Duitsland is dat heel normaal, ook al zie je daar veel minder fietsers dan in Nederland. En kun jij je voorstellen dat er op sommige stukken snelweg in Duitsland geen snelheidslimiet is?
Over verkeer gesproken: zou ook jij niet geweldig schrikken als een eland de snelweg oversteekt? En hoe zou jij reageren als je buschauffeur bent en een oud dametje je in de maling probeert te nemen?

© Noordhoff Uitgevers bv

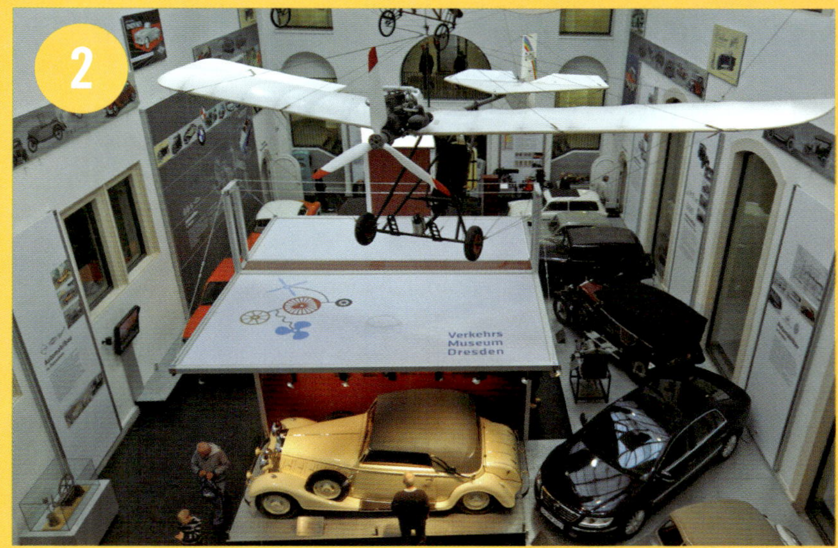

© Noordhoff Uitgevers bv

4 Du wartest im Auto

Tobis Opa wohnt bei Tobi und seinen Eltern. Ab und zu möchte Opa, dass Tobi ihm hilft.

Opa: Tobi, such' mir mal raus, wie ich zur Neustraße komme.
Tobi: Sorry, ich darf um diese Uhrzeit von meinen Eltern aus nicht im Internet surfen. Das weißt du.
Opa: Ach Junge. Bitte. Machst du es jetzt?
Tobi: Für zwei Euro. Hahaha! Also, Neustraße. Die liegt hier fünfunddreißig Minuten entfernt. Fährst du mit dem Auto?
Opa: Mit dem Bus. Der hält ja hier um die Ecke.
Tobi: Der Bus, den du brauchst, hält in der Dorfstraße. Jede halbe Stunde fährt einer. Um fünf vor jede Stunde und um fünf vor halb.
Opa: Im Regen zu Fuß zur Dorfstraße in meinem Anzug und mit meinen neuen Schuhen? Nein!
Tobi: Und mit den Rosen. Die sind schön. Für wen sind die, Opa?
Opa: Egal. Dann fahre ich mit dem Auto. Guck', wie ich fahren muss.
Tobi: Das Auto hat doch ein Navi.
Opa: Kann ich nicht bedienen. Guck' im Internet!
Tobi: Immer geradeaus, an der ersten Ampel rechts, bei dem zweiten Kreisverkehr links, dann die dritte Straße…
Opa: Genug. Du kommst mit.
Tobi: Wieso das denn?
Opa: Du bedienst das Navi im Auto, ich fahre.
Tobi: Und was mach' ich, während du bei der Dame bist, der du die schönen Rosen schenkst?
Opa: Egal für wen die sind. Du wartest im Auto. So lange bleib' ich nicht.
Tobi: Das kann ich nur hoffen.

5 Trabisafari

© Noordhoff Uitgevers bv

6 Mambo – *Herbert Grönemeyer*

Ich hasse nichts mehr, als mich zu verspäten
Die Sonne brennt, und im Auto ist's heiß
Ein Hupkonzert wie von tausend Trompeten
Ich will zu dir, nun steh ich hier, so'n Scheiß

Ich drehe schon seit Stunden
Hier so meine Runden
Es trommeln die Motoren
Es dröhnt in meinen Ohren
Ich finde keinen Parkplatz
Ich komm zu spät zu dir, mein Schatz
Du sitzt bei Kaffee und Kuchen
Und ich muss weiter suchen

An jeder Ecke steh'n Politessen
Lauern wie Panther, zum Sprung bereit
Hier kannste nicht parken, das kannste vergessen
Haben alles im Griff, weit und breit

Ich drehe schon seit Stunden
Hier so meine Runden
Es trommeln die Motoren
Es dröhnt in meinen Ohren
Ich finde keinen Parkplatz
Ich komm zu spät zu dir, mein Schatz
Du sitzt bei Kaffee und Kuchen
Und ich such hier rum

Auto fängt an zu kochen
Puls an zu pochen
Werde langsam panisch, klitschnass geschwitzt
Es ist nicht zu fassen
Solche Automassen
Haben die kein Zuhause, ich will zu dir

Ich drehe schon seit Stunden
Hier so meine Runden
Es trommeln die Motoren
Es dröhnt in meinen Ohren
Ich finde keinen Parkplatz
Ich komm zu spät zu dir, mein Schatz
Du sitzt bei Kaffee und Kuchen
Und ich kurv hier rum

7

Alkoholverbot

Im öffentlichen Nahverkehr in vielen großen Städten in Deutschland gilt seit einigen Jahren ein Alkoholverbot. In München gilt dieses Verbot seit 2009 in U-Bahnen, Straßenbahnen und Bussen, seit Dezember 2011 auch in den S-Bahnen.
In Hamburg darf in Bussen und Bahnen ebenfalls kein Alkohol getrunken werden. Jede Person, die gegen dieses Alkoholverbot verstößt, bekommt ein Bußgeld von € 40,-. Ein Sprecher *(woordvoerder)* vom Hamburger Verkehrsverbund: 'Wir wissen, dass bei rund jeder dritten Gewalttat Alkohol im Spiel ist. Im August 2009 gab es 327 Straftaten – dann wurde das Alkoholverbot angekündigt. Rund ein halbes Jahr später waren es noch 33 Fälle.'

Bei der Deutschen Bahn gibt es kein Alkoholverbot. 'In Zügen sind nicht die Fahrgäste, die sich dort betrinken, das Problem. Die Fahrgäste, die bereits angetrunken einsteigen, verursachen Probleme. Wir halten ein allgemeines Alkoholverbot in Zügen aber nicht für sinnvoll', sagte ein Sprecher beim DB-Konzern.

Nach: www.welt.de

8

Schülerticket wird nicht bezahlt

In Deutschland fahren viele Kinder auf dem Land mit dem Schulbus zur Schule. Meistens bezahlt die Gemeinde die Kosten für das Ticket. Der Schulweg muss dann aber mindestens zwei Kilometer lang sein.
Eine Familie in Ibbenbüren – etwa 30 Kilometer von der niederländischen Grenze bei Enschede – ärgert sich darüber, dass sie das Schülerticket für ihren Sohn selber bezahlen soll. Die Stadt hat den Schulweg gemessen und… der Weg ist nur 1,983 Kilometer lang – also 17 Meter zu kurz. Das Ticket kostet € 390,- pro Jahr.

Nach: www.kiraka.de

9

Witz

© Noordhoff Uitgevers bv

10

Elch auf Autobahn bei Berlin

Auf einer Autobahn bei Berlin hat es einen ungewöhnlichen Verkehrsunfall mit einem Elch gegeben. Ein Augenzeuge berichtet: 'Samstagmorgen, es ist noch früh: Ein Elch überquert (*steekt over*) die Autobahn, wird angefahren und ist tot. Der Fahrer ist verletzt.'
Der Elch kommt wahrscheinlich aus Polen. Einige Jäger und Autofahrer haben das Tier schon eher gesehen. Die Polizei hat damals (*toen*) nach dem Elch gesucht, aber sie hat ihn nicht gefunden.
Das getötete Tier ist etwa 800 Kilo schwer und vier Jahre alt. Bis ins Mittelalter (*middeleeuwen*) lebten Elche in ganz Deutschland.

Nach: www.sowieso.de

11

Busfahrer (m/w) für Linien- und Schulverkehr in Hamburg gesucht

Gesucht

Busfahrer (m/w)
für Linien- und Schulverkehr in Hamburg

Arbeitgeber: Headwaypersonal GmbH

Unternehmensbeschreibung

Headway ist ein führendes Unternehmen. Hier arbeiten mehr als 4.200 Mitarbeiter. Headway hat mehr als 70 Standorte in Deutschland, Österreich und Tschechien. Wir haben bei Arbeitnehmern einen sehr guten Ruf. Wir entwickelten uns innerhalb von 10 Jahren zu einem wichtigen und sicheren Arbeitgeber.

Qualifikation

- mehrjährige Fahrpraxis im Busverkehr ist von Vorteil
- Führerscheinklasse D
- Pünktlichkeit
- Zuverlässigkeit
- Freundlichkeit
- Arbeitsverhältnis

Es geht hier um eine Festanstellung.

Kontakt

E-Mail info@headwayholding.com

© Noordhoff Uitgevers bv

12 Bizarre Bilder: In der Stadt

13 Plauderecke A

Je vraagt / zegt	Du fragst / sagst	Du kannst antworten
1. Hoe kom ik bij het station?	Wie komme ich zum Bahnhof?	Hier geradeaus und dann die zweite Straße links.
2. Waar is de sporthal?	Wo ist die Sporthalle?	An der Ampel rechts und dann geradeaus.
3. Is er hier in de buurt een bushalte?	Gibt es hier in der Nähe eine Bushaltestelle?	Ja, über die Kreuzung und dann rechts.
4. Bij het verkeerslicht links en dan rechtdoor?	An der Ampel links und dann geradeaus?	Ja, genau!
5. Heeft de trein vertraging?	Hat der Zug Verspätung?	Das weiß ich nicht. Ja, etwa zehn Minuten.
6. Wanneer vertrekt de bus?	Wann fährt der Bus ab?	In etwa fünf Minuten. In zwanzig Minuten. In einer Viertelstunde.
7. Mag je hier parkeren?	Darf man hier parken?	Ich habe keine Ahnung. Ja, dort steht ein Parkscheinautomat.

© Noordhoff Uitgevers bv

14 Das macht € 2,30, bitte

Frau Winthagen möchte sich ein Volleyballspiel ansehen. Sie möchte mit dem Bus zur Sporthalle fahren.

Frau Winthagen: Guten Tag. Einen Einzelfahrschein zum Zentrum, bitte.
Busfahrer: Wohin genau im Zentrum möchten Sie denn?
Frau Winthagen: In die Nähe der Sporthalle. Mein Enkel spielt dort heute Volleyball.
Busfahrer: Dann steigen Sie am besten in der Bergstraße in die Linie 42 um. Diese Linie hält an der gleichen Bushaltestelle. In der Nordstraße müssen Sie aussteigen. Dann an der Ampel links und geradeaus. Dann sehen Sie die Sporthalle schon.
Frau Winthagen: Danke. Sagen Sie mir bitte Bescheid, wann ich aussteigen muss?
Busfahrer: Das wird durchgesagt. Keine Sorge.
Frau Winthagen: Danke. Dann setze ich mich hier vorne hin. Wann fährt der Bus ab?
Busfahrer: Sofort. Nachdem Sie bezahlt haben. Das macht € 2,30 bitte.
Frau Winthagen: Die habe ich doch gerade bezahlt.
Busfahrer: Nein, haben Sie nicht.
Frau Winthagen: Doch, habe ich!
Busfahrer: Nein, haben Sie nicht. Ich bitte Sie. Das macht € 2,30.
Frau Winthagen: Schon gut. Schon gut. Bitte sehr.

15 Plauderecke B

Je vraagt / zegt	Du fragst / sagst	Du kannst antworten
1. Heeft de trein een rechtstreekse verbinding?	Hat der Zug eine Direktverbindung?	Nein, in Düsseldorf müssen Sie umsteigen.
2. Waarom ben je zo laat?	Warum bist du so spät?	Ich habe den Zug verpasst. An der Kreuzung gab es einen Unfall.
3. Hoe ga je naar school?	Wie kommst du zur Schule?	Ich nehme den Bus. Ich fahre mit dem Rad. Ich gehe zu Fuß.
4. Reis je graag met de bus?	Reist du gerne mit dem Bus?	Ja, eine Busreise gefällt mir. Nein, der Bus hält in jeder Straße!
5. Was er file?	Gab es Stau?	Ja, vor Hannover etwa fünf Kilometer.
6. Welke tram rijdt naar het centraal station?	Welche Straßenbahn fährt zum Hauptbahnhof?	Mal sehen, das ist Linie 7. Tut mir leid, das weiß ich nicht.
7. Is een dagkaart goedkoper?	Ist eine Tageskarte billiger?	Das hängt davon ab, wie oft du fährst. Meistens ja.
8. Van welk spoor vertrekt de trein?	Von welchem Gleis fährt der Zug ab?	Von Gleis 14. Fragen Sie mal den Schaffner!

Noordhoff Uitgevers bv

16 Blog

Blog  Suche

Wochenende Amsterdam

Jana

Hallo Claire!

Ich habe die Infos für unser Wochenende nach Amsterdam rausgesucht.

Am besten nehmen wir den Zug um 9:32 Uhr. Dann brauchen wir nicht in Eindhoven umzusteigen. Ich kann deine Fahrkarte auch online kaufen, wenn du möchtest. Dann krieg' ich € 35,- von dir.

Eine Bitte noch. Kann dein Vater oder deine Mutter uns zum Bahnhof in Aachen fahren? Dann brauchen wir nicht mit dem Bus zu fahren und die Koffer zu schleppen.

Ich freue mich riesig auf Amsterdam: die Innenstadt, die Läden... und auf ein Wochenende mit dir. ☺

Alles Liebe

Jana

vor 48 Minuten

14 Personen gefällt das

17 Schreibecke

	Je schrijft	Du schreibst
1.	Bedankt voor de/het ...	Vielen Dank für den/die/das ...
2.	Ik wil ook liever niet ...	Ich möchte auch lieber nicht ...
3.	Fijn dat je vader ons wil brengen.	Toll, dass dein Vater uns fahren will.
4.	Hoe laat zullen we je ophalen?	Wann sollen wir dich abholen?
5.	Ik verheug me heel erg op de/het ...	Ich freue mich riesig auf den/die/das ...
6.	Een verzoek nog.	Eine Bitte noch.
7.	Dan hoeven we niet met de bus te gaan.	Dann brauchen wir nicht mit dem Bus zu fahren.
8.	Om 8.00 uur ben ik op het station.	Um 8:00 Uhr bin ich am Bahnhof.

© Noordhoff Uitgevers

18 Verkehr in Österreich

Jedes Land hat einen längsten Tunnel oder einen größten Flughafen. Österreich natürlich auch!

Der Tauerntunnel
Der Tauerntunnel im Land Salzburg ist der bekannteste Straßentunnel von Österreich. Er ist 6.546 m lang und jeden Tag fahren 17.000 Fahrzeuge durch den Tunnel. 1999 kam es nach einem Verkehrsunfall zu einem großen Brand.

Fiaker
Fiaker sind sehr romantisch. Aber die Innenstadt von Wien leidet unter den Pferdeäpfeln von den Fiakerpferden. Und die stinken natürlich auch ordentlich. Darum müssen die Pferde seit 2004 Pferdewindeln (sogenannte Pooh-Bags) tragen. Seit 2007 müssen die Tiere auch Kunststoff-Hufeisen haben, um das Straßenpflaster zu schützen (*beschermen*).

Vienna International Airport
Österreich hat sechs Flughäfen: Wien, Innsbruck, Salzburg, Klagenfurt, Linz und Graz. Der Vienna International Airport – mit gut 20 Millionen Passagieren jährlich – ist der größte und bedeutendste Flughafen von Österreich.

Der erste Skilift
In Österreich gibt es viele Berge. Und in den Bergen sind die Leute gerne unterwegs. Darum wurde vor etwa 100 Jahren der Skilift erfunden. Der erste motorisierte Skilift wurde in Österreich gebaut und ging 1907 in Betrieb. Er sah nicht aus wie die Skilifte von heute.
Der erste Skilift wurde 1908 in Eisenbach in Deutschland gebaut.
Der erste moderne Schlepplift wurde 1934 in Davos in der Schweiz in Betrieb genommen.

Vorsicht an Bahnübergängen

Noordhoff Uitgevers bv

LERNECKE

Grammatik

1 Haben

	haben
ik	ich habe
jij	du hast
hij/zij/het	er/sie/es hat
wij	wir haben
jullie	ihr habt
zij	sie haben
u	Sie haben
volt. deelwoord	gehabt

2 Sein

sein
ich bin
du bist
er/sie/es ist
wir sind
ihr seid
sie sind
Sie sind
gewesen

3 Werden

werden
ich werde
du wirst
er/sie/es wird
wir werden
ihr werdet
sie werden
Sie werden
geworden

4 Zwakke werkwoorden

machen *(doen)*
ich mach-e
du mach-st
er/sie/es mach-t
wir mach-en
ihr mach-t
sie mach-en
Sie mach-en
gemacht

5 Stam op -d of -t

antworten *(antwoorden)*
ich antwort-e
du antwort-**e**st
er/sie/es antwort-**e**t
wir antwort-en
ihr antwort-**e**t
sie antwort-en
Sie antwort-en
ge-antwort-**e**t

6 Stam op -s, -ss, -z of -ß

tanzen *(dansen)*
ich tanz-e
du tanz-**t**
er/sie/es tanz-t
wir tanz-en
ihr tanz-t
sie tanz-en
Sie tanz-en
ge-tanz-t

7 Modalverben

dürfen *(mogen, toestemming hebben)*	**können** *(kunnen, in staat zijn tot)*	**mögen** *(houden van, lusten)*	**müssen** *(moeten, noodzaak)*	**wollen** *(willen)*	**wissen** *(weten)*
ich darf	ich kann	ich mag	ich muss	ich will	ich weiß
du darfst	du kannst	du magst	du musst	du willst	du weißt
er/sie/es darf	er/sie/es kann	er/sie/es mag	er/sie/es muss	er/sie/es will	er/sie/es weiß
wir dürfen	wir können	wir mögen	wir müssen	wir wollen	wir wissen
ihr dürft	ihr könnt	ihr mögt	ihr müsst	ihr wollt	ihr wisst
sie dürfen	sie können	sie mögen	sie müssen	sie wollen	sie wissen
Sie dürfen	Sie können	Sie mögen	Sie müssen	Sie wollen	Sie wissen
gedurft	gekonnt	gemocht	gemusst	gewollt	gewusst

© Noordhoff Uitgevers

Wörterlisten

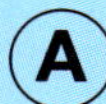

de voetganger	der Fußgänger
de voetgangers	die Fußgänger
de bus	der Bus
de lijn	die Linie
de trein	der Zug
de treinen	die Züge
de vertraging	die Verspätung
de spoorwegen	die Bahn
de metro	die U-Bahn
de tram	die Straßenbahn
de fiets	das Fahrrad
de fietsen	die Fahrräder
het wiel	das Rad
de brommer	das Moped
de motor	das Motorrad
de auto	das Auto
de auto's	die Autos
de snelheid	die Geschwindigkeit
de personenauto	der Pkw (Personenkraftwagen)
de vrachtauto	der Lkw (Lastkraftwagen)
de chauffeur	der Fahrer
het ongeluk	der Unfall
de schade	der Schaden
de parkeerplaats	der Parkplatz
het schip	das Schiff
het vliegtuig	das Flugzeug

de snelweg	die Autobahn
de file	der Stau
de kruising	die Kreuzung
de rotonde	der Kreisverkehr
het verkeerslicht	die Ampel
de straat	die Straße
de straten	die Straßen
de bocht	die Kurve
de brug	die Brücke
de olie	das Öl
de spoorwegovergang	der Bahnübergang
het station	der Bahnhof
de aansluiting	der Anschluss
het vliegveld	der Flughafen
de bushalte	die Bushaltestelle
de garage	die Werkstatt
het traject	die Strecke
het kaartje	die Fahrkarte
aankomen	ankommen
inhalen	überholen
remmen	bremsen
zich bevinden	sich befinden
zoeken	suchen
Kijk uit!	Vorsicht!
terug	zurück

daarna	danach
eerst	zuerst
en	und
maar	sondern, aber
ook	auch
ten slotte	zum Schluss

Noordhoff Uitgevers bv

LANDESKUNDE

11

Freizeit und Freundschaft

Uitgaan? Natuurlijk heb je in Duitsland, Oostenrijk en Zwitserland veel mogelijkheden om je daarbij te vermaken. Waar zou jij het liefst naartoe gaan? Naar *Millennium City* in Wenen, waar allerlei winkels zijn en waar ook een enorme bioscoop is? Of naar een voetbalstadion of een reusachtig openluchttheater om daar een optreden van je favoriete groep te zien? Of naar de grootste kermis van Duitsland in Herne? Of 'gewoon' naar een *Disko* of *Jugendzentrum*?

© Noordhoff Uitgevers

1

2

3

4 Ins Kino

Alexander ist verliebt in eine Freundin seiner Schwester Lena! Er möchte aber nicht mit beiden Mädchen ins Kino gehen.

Alexander: Das geht doch nicht. Ich kann doch nicht mit meiner Schwester und meiner Traumfrau ins Kino gehen. Das geht nicht!

Lena: Dann geht deine Schwester mit deiner Traumfrau allein.

Alexander: Moment! Wie wär's? Kannst du nicht einfach krank sein? Dann könnte ich…

Lena: Bist du verrückt? Ich will ins Kino gehen, meine Freundin will mit mir gehen und jetzt muss ich zu Hause bleiben, weil mein Bruder sich in meine Freundin verknallt hat. Das kannst du vergessen. Tschüs!

Alexander: Moment! Bitte. Ich kann doch nicht einfach mitkommen. Das wird sie doch nicht verstehen. Ihr wollt euch bestimmt so einen romantischen Ich-mussweinen- Film ansehen.

Lena: Genau. Also. Ich gehe.

Alexander: Viel Spaß. Erzählst du mir…

Lena: …wie der Film war? Na, klar. Ich wecke dich, wenn du schläfst und ich erzähl' dir alles.

Alexander: Nicht der Film. Wie sie ausgesehen hat und ob sie nach mir gefragt hat.

Lena: Du Armer! Das kann ich dir jetzt schon sagen. Sie fragt ständig nach dir. Hier sind die zwei Kinokarten. Hau ab, Blödmann!

Alexander: Im Ernst?!!! Du bist eine tolle Schwester!

5 Hackesche Höfe

© Noordhoff Uitgevers b

6 Die da – *Die Fantastischen Vier*

Hallo Thomas, hallo, alles klar?
Klar. Es ist schon wieder Freitag, es ist wieder diese Bar
Und ich muss dir jetzt erzählen, was mir widerfahren ist
Jetzt seh ich die Zukunft positiv, denn ich bin Optimist
Äh, Moment, was geht? Ich sags dir ganz konkret
Aha. Am Wochenende hab ich mir den Kopf verdreht
Ich traf eine junge Frau, die hat mir ganz gut gefallen
Und am Samstag in der Diskothek ließ ich die Korken knallen
Sie stand dann so dabei und wir ham uns unterhalten
Und ich hab sie eingeladen, denn sie hat sich so verhalten
Wir haben viel Spaß gehabt, viel gelacht und was ausgemacht
Haben uns nochmal getroffen und den Nachmittag zusammen verbracht
Wir gingen mal ins Kino, hatten noch ein Rendezvous
Und hast du sie ausgeführt? Hey, gehört ja wohl dazu
Sie ist so elegant, sie hat auch allerhand
solltest sie wirklich mal treffen,
denn ich find sie sehr charmant

Refrain:
Hey, ist es die da, die da am Eingang steht?
Oder die da, die dir den Kopf verdreht?
Ist es die da, die mit'm dicken Pulli an
Mann, nein es ist die Frau, die freitags nicht kann
Es ist die da, die da, die da, die da, die
Es ist die da, die da, die da, oder die da
Es ist die da, die da, die da, die da, die
Ist es die da? Nein, freitags ist sie nie da

Herzlichen Glückwunsch Smudo, toi toi toi
Du kannst dir sicher sein, dass ich mich für dich freu
Ich selber bin auch froh, und falls es dich interessiert
Mir ist am Wochenende was ganz ähnliches passiert
Es war Sonntag, und ich trinke Tee in 'nem Cafe
Als ich dieses schöne Wesen an dem Tresen stehen seh
Gesell ich mich dazu, hab'n Tee für sie bestellt
Na ja, ich gebe zu, ich hab getan, als hätt ich Geld
Doch alles lief wie geschmiert, was mache ich mir Sorgen
Denn wir reden und verabreden uns für übermorgen
Ich wollt mit ihr ins Kino gehen, stattdessen waren wir essen
Denn sie hatte den Film schon gesehen, ich hielts für angemessen
Sie ins Restaurant zu führen, separé mit Kerzenlicht
Und hat sie die Rechnungen bezahlt? Natürlich nicht
Doch sie sagte zu mir noch, dass wir jetzt miteinander gehen
Und seitdem wart ich darauf, sie wiederzusehen

Refrain

Tja Thomas, tja, da haben wir beide viel gemeinsam
Seit letzten Wochenende sind wir beide nicht mehr einsam
Gehst du mit ihr zusammen
Äh, ich hab mir vorgenommen
Möglichst bald mit ihr zusammen zu kommen
Viel Spaß damit, danke, doch eins gibt mir zu denken
Warum muss ich ihr die ganze Zeit denn nur Geschenke schenken?
Wem sagst du das, ich bin schon wieder blank
Doch dafür hat meine jetzt neue Klamotten im Schrank
Hey, bei mir kam sie neulich mit 'nem neuen Teil an
Und dabei hab ich mich noch gefragt, wie sie sich das leisten kann
Und ich hab frei am Freitag und sie ist nicht da
Äh, Moment mal Smudo, da ist meine ja Wo?
Es ist die da, die da am Eingang steht
Was, das ist doch die da, um die es sich doch bei mir dreht
Was? Die da?
Und wer ist dieser Mann?
Ich glaub, das ist der Grund, warum sie freitags nicht kann!

Es ist die da, die da, die da, die da, die
Es ist die da, die da, die da, genau die da!
Es ist die da, die da, die da, die da, die
Es ist die da, hey freitags ist sie nie da

© Noordhoff Uitgevers bv

LESEN

7

Mit 74 Jahren in die Disko

Ein 14-jähriges Mädchen aus München hat probiert mit einem gefälschten Ausweis in eine Disko zu kommen. Sie zeigte *(liet zien)* das Dokument dem Türsteher. Der Mann merkte, dass etwas nicht in Ordnung war. Als Geburtsdatum war nämlich 1935 angegeben. Danach hätte das Mädchen 74 Jahre alt sein müssen. Die Polizei klärte den Fall: Ein Freund hatte das Geburtsdatum von der Schülerin von 1995 auf 1935 geändert.
Das Mädchen wurde von ihrem Vater auf der Polizeiwache abgeholt.

Nach: www.spiegel.de

8

Freunde. Die zweite Familie

Freunde sind eine zweite Familie. Für einige Leute sind Freunde sogar *(zelfs)* wichtiger als dieeigene Familie *(gezin)*. Denn Freunde sucht man aus und die eigene Familie nicht.

Ein Wissenschaftler *(wetenschapper)* hat herausgefunden, dass mit Freunden Probleme kleiner werden. Auch geht es uns besser, wenn wir mit Freunden zusammen sind. Und man hat weniger Stress, wenn Freunde in der Nähe *(in de buurt)* sind. Wie hat dieser Wissenschaftler das festgestellt? Er ließ Studenten eine Präsentation vor großem Publikum halten. Diejenigen, die ihren besten Freund mitbrachten, hielten einen besseren Vortrag als diejenigen, die alleine gekommen waren.

Nach: Yuno

9

Witz

© Noordhoff Uitgevers b

10

Das sagen Schüler über Freundschaft

Drei Mädchen und drei Jungs verraten, wie sie über Freundschaft denken.

Tanja, 15: Bei meinen Freunden muss ich nie tun als ob. Ich kann auch mal schlechte Laune (*humeur*) haben oder traurig sein. Meine beste Freundin und ich tragen Klamotten voneinander. Wir sind ehrlich und sagen es, wenn dem anderen mal was nicht so gut steht.

Selin, 14: Mit Freunden ist das Leben so leicht! Mit meinen Freundinnen fühle ich mich sicher und auch so ein bisschen geborgen. Wir sind fast immer zusammen.

Magda, 16: Wenn es mir nicht so gut geht, dann merkt meine Freundin das, ohne es erklären zu müssen. Ich habe noch nie in meinem Leben so viel gelacht, seit meine Freundin und ich zusammen sind.

Chris, 15: Wir haben Spaß, ohne ständig reden zu müssen. Wir treffen uns mindestens einmal in der Woche und immer auch am Wochenende. Wir übernachten beieinander, wir feiern unsere Geburtstage gemeinsam, wir gehen oft um die Ecke zusammen Pizza essen und spielen auf der Play-Station.

Florian, 14: Wenn ich mal schlechte Laune habe, muss ich nur meine Freunde treffen, dann habe ich gleich wieder gute Laune. Bei uns gibt es keine Konkurrenz.

Nils, 15: Wir vertrauen und unterstützen uns. Wir haben nie Streit und haben keine Geheimnisse voreinander.

Nach: Yuno

11

Zwei Anzeigen

DJ-Agentur

Der DJ-Service mit mobilen DJs und Anlagen speziell für Geburtstag, Polterabend, Hochzeit und Firmenevents. Jeder Discjockey arbeitet zum Festpreis, inklusive Ton, Licht und Fahrtkosten.

Böhlaustraße 43, 30629 Hannover

Restaurant

Gutbürgerliches Restaurant mit Biergarten und deutscher Küche, Stammtisch und Spielbereich. Fußballbundesliga live-Übertragung, Karaoke-Abende, TV-Krimi-Abende und TV-Serien-Abende.

Alemannstraße 27, 30165 Hannover

Nach: www.cities.eurip.com

Noordhoff Uitgevers bv

12 Bizarre Bilder: Ausgehen

13 Plauderecke A

Je vraagt / zegt	Du fragst / sagst	Du kannst antworten
1. Ga je vaak uit?	Gehst du oft aus?	Nein, nicht so oft, einmal pro Monat. Jedes Wochenende!
2. Met wie ga je uit?	Mit wem gehst du aus?	Mit meinen Sportfreunden. Mit meinen Freundinnen.
3. Hoe laat moet je weer thuis zijn?	Wann musst du wieder zu Hause sein?	Am Wochenende um halb elf. In der Woche um halb zehn. Das darf ich selbst bestimmen.
4. Ga je graag naar een popconcert?	Gehst du gern zu einem Popkonzert?	Ja, mit Freunden gehe ich oft dahin. Ja, aber die Karten sind so teuer!
5. Waar koop je de bioscoopkaartjes?	Wo kaufst du die Kinokarten?	Die kaufe ich an der Kasse. Die bestelle ich im Internet.
6. Zijn er veel mogelijkheden om uit te gaan?	Gibt es viele Möglichkeiten zum Ausgehen?	Ja, bei uns in der Stadt gibt es Kinos, Cafés und ein Theater. Nein, ich wohne auf dem Land.
7. Is er bij jou in de buurt een jongerencentrum?	Gibt es bei dir in der Nähe ein Jugendzentrum?	Ja, aber ich gehe nie hin. Nein, leider nicht.

© Noordhoff Uitgevers bv

14 Blonde Isa

Ronald erzählt seinem Freund Nikolas, dass er verliebt ist...

Ronald: Nikolas, ich muss dir was erzählen. Ich bin verliebt. Ich habe eine Freundin.
Nikolas: Klasse. Ich...
Ronald: Sie ist nett, wunderschön, hat lange blonde Haare und heißt Isa.
Nikolas: Blonde Isa!? Wie lange kennst du sie schon?
Ronald: Seit Samstag. Ich habe sie in der Disko getroffen. Um zehn Uhr musste ich zu Hause sein, wegen dem Besuch bei Oma am nächsten Tag. Da sind wir ein Stück zusammen gelaufen. Sie wollte auch früh ins Bett gehen, denn sie war müde.
Nikolas: Wirklich? War es Liebe auf den ersten Blick?
Ronald: Ja! Sie ist fröhlich und romantisch. Und sie will einen Freund, der sie unterstützt. Sie ist ...
Nikolas: ...alleine auf der Welt. Ihre Eltern sind letztes Jahr bei einem Unfall ums Leben gekommen.
Ronald: Was? Wie?
Nikolas: Ich habe die blonde Isa auch vor der Disko getroffen. Am Samstag, um halb elf. Wir sind ein Stück zusammen gelaufen. Sie wollte genauso wie ich früh ins Bett gehen.
Ronald: Oh, Mann! Wir reden von derselben Isa. Bin ich doof!
Nikolas: Und ich auch...

15 Plauderecke B

Je vraagt / zegt	Du fragst / sagst	Du kannst antworten
1. Heb je een vriend/vriendin?	Hast du einen Freund/eine Freundin?	Ja, er heißt Jan und ist sehr sympathisch. Ja, sie heißt Angela und ist sehr nett. Nein, noch nicht.
2. Hoe lang ken je hem/haar al?	Wie lange kennst du ihn/sie schon?	Seit etwa einem halben Jahr. Seit einigen Wochen.
3. Was het liefde op het eerste gezicht?	War es Liebe auf den ersten Blick?	Ja, das war es!
4. Wat bevalt je aan hem/haar?	Was gefällt dir an ihm/ihr?	Er ist immer für mich da. Sie ist fröhlich und unterstützt mich.
5. Wil je later trouwen?	Möchtest du später heiraten?	Ja, da bin ich mir sicher! Das weiß ich noch nicht.
6. Heb je veel vrienden/vriendinnen?	Hast du viele Freunde/Freundinnen?	Ja, ich habe einen großen Freundeskreis. Nein, aber ich habe drei echt gute Freundinnen.
7. Ben je graag alleen?	Bist du gerne alleine?	Ach, das hängt davon ab. Nein, ich bin lieber unter Menschen.
8. Waarom vind je haar/hem leuk?	Warum magst du sie/ihn?	Sie/Er ist humorvoll. Sie/Er ist nett. Sie/Er ist aufmerksam.

SCHREIBEN

16 Blog

Blog  Suche

Schluss gemacht  Gefällt mir

Hans

Hallo Thomas!

Ich komme morgen nicht mit in die Stadt. Irene und ich haben gestern Schluss gemacht. Das ging eigentlich von selber. Ich war schon seit einiger Zeit nicht mehr verliebt in sie. Als sie dann gestern Abend sagte, dass sie Schluss machen wollte, war ich erleichtert. Und als sie weg war, war ich auch noch gut drauf.
Heute Morgen aber fühlte ich mich komplett verloren. Und so fühle ich mich jetzt noch immer. Ich habe keine Lust mit euch in die Stadt zu gehen. Ich will nur vor dem Fernseher hängen. Ich weiß eigentlich gar nicht, was mit mir los ist. Jetzt wo sie nicht mehr da ist, fehlt sie mir wahnsinnig. Hoffentlich geht's dir besser!
Kannst du den anderen erzählen, dass ich morgen nicht dabei bin?

Ich melde mich wieder. Viel Spaß morgen!

Tschüs

Hans

vor 48 Minuten

14 Personen gefällt das

17 Schreibecke

Je schrijft	Du schreibst
1. Wat vervelend voor je.	Das tut mir leid für dich.
2. Ik wens je sterkte!	Ich wünsche dir alles Gute!
3. We hebben het uitgemaakt.	Wir haben Schluss gemacht.
4. Ik kan me voorstellen, dat je geen zin hebt.	Ich kann mir vorstellen, dass du keine Lust hast.
5. Als je wilt, kan ik langskomen.	Wenn du möchtest, kann ich vorbeikommen.
6. Ik weet niet wat er aan de hand is.	Ich weiß nicht, was los ist.
7. Hopelijk gaat het met jou beter!	Hoffentlich geht es dir besser!
8. Nu kan je weer met vrienden uitgaan.	Jetzt kannst du wieder mit Freunden ausgehen.

© Noordhoff Uitgevers bv

18 Wohin gehen wir in Wien?

In Wien gibt es viel zu tun, für Jung und Alt. Wohin gehen wir in Wien?

Das Bellaria Kino
In der Vergangenheit *(verleden)* leben: Wo kann man das besser als in der Kaiserstadt Wien? In diesem Kino werden keine modernen sondern nur ganz alte Filme gezeigt.
Eine Stunde vor Vorstellungsbeginn trifft sich das Publikum, um miteinander zu plaudern.

Strandbar Hermann
Die Strandbar Herrmann liegt direkt am Donaukanal. Sie bietet einen Loungebereich, eine Bar, viel Sand und jede Menge Liegestühle. Zwischen 11:30 und 14:30 Uhr gibt es asiatische Mittagsmenüs. Die Strandbar ist wirklich super!

Das Badeschiff
Das Badeschiff ist ein Schiff an der Donaukanallände zwischen Schwedenplatz und Urania. Hier kann man sich tagsüber sonnen, essen und trinken. In der Nacht finden Partys statt.

Latte Grande
Das Latte Grande bietet am Wochenende einen großartigen Brunch um die € 10,- an und lädt zudem Geburtstagskinder zum Essen ein. Und echt wahr: Wenn du Geburtstag hast, kannst du hier umsonst essen! Jetzt weißt du endlich wohin, wenn du ein Jährchen älter wirst.

©Noordhoff Uitgevers bv

Grammatik

1 Het persoonlijk voornaamwoord in de 1e en 4e naamval

1e naamval (onderwerp)		**4e naamval** (lijdend voorw.)	
ik	**ich**	mij	**mich**
jij	**du**	jou	**dich**
hij	**er**	hem	**ihn**
zij	**sie**	haar	**sie**
het	**es**	het	**es**
wij	**wir**	ons	**uns**
jullie	**ihr**	jullie	**euch**
zij	**sie**	hen	**sie**
u	**Sie**	u	**Sie**

2 De voorzetsels met de 4e naamval

voorzetsel	**betekenis**	**voorbeeldzinnen**
durch	door	Er fährt durch *die* Straße.
für	voor	Was hat er für *den Bruder* gekauft?
gegen	tegen	Seid ihr alle gegen *die* Pläne?
ohne	zonder	Ohne *den* Freund gehe ich nicht in die Disko.
um	om	Was kam da plötzlich um *die* Ecke?

© Noordhoff Uitgevers

Wörterlisten

de bioscoop	das Kino
naar de bioscoop	ins Kino
de actiefilm	der Actionfilm
de romantische film	der Liebesfilm
het entreekaartje	die Eintrittskarte
de entreekaartjes	die Eintrittskarten
de voorstelling	die Vorstellung
de disco	die Disko
naar de disco	in die Disko
het popconcert	das Popkonzert
naar een popconcert	in ein Popkonzert
uitverkocht	ausverkauft
het theater	das Theater
naar het theater	ins Theater
naar huis gaan	nach Hause gehen
dansen	tanzen
elkaar ontmoeten	sich treffen
afspreken	sich verabreden
zich omkleden	sich umziehen
iets aantrekken	etwas anziehen
uitgaan	ausgehen
afhalen	abholen
genieten	genießen
plezier hebben	Spaß haben
zich opmaken	sich schminken
gezellig	gemütlich

B

de vriend	der Freund
de vrienden	die Freunde
de vriendin	die Freundin
de vriendinnen	die Freundinnen
de groep vrienden	die Clique
het karakter	der Charakter
het gezicht	das Gesicht
het geduld	die Geduld
aardig	nett
behulpzaam	hilfsbereit
blij	froh
lang	groß
leuk	hübsch
lief	lieb
mooi	schön
netjes	ordentlich
nieuwsgierig	neugierig
onzeker	unsicher
open	offen
oplettend	aufmerksam
slim	klug
trots	stolz
vriendelijke	freundlich
vrolijk	fröhlich
zorgvuldig	sorgfältig

bovendien	außerdem
daardoor	dadurch
daarna	danach
dus	also
eerst	zuerst
en	und
maar	sondern, aber
ook	auch
ten slotte	zum Schluss
verder	weiter
zoals	wie

Noordhoff Uitgevers bv

LANDESKUNDE

12

Schnee und Skiurlaub

Skiën, langlaufen of snowboarden kun je in bijna alle landen waar Duits gesproken wordt. Natuurlijk in Duitsland, Zwitserland en Oostenrijk, maar ook in Liechtenstein en in het noorden van Italië. Misschien ben jij er weleens op wintersport geweest! Om te genieten van de bergen, de pistes, de afdalingen en natuurlijk après-ski. Voor veel wintersporters hoort feesten en uitgaan na het skiën namelijk ook bij het wintersportgevoel. Maar aan de titel van dit hoofdstuk kun je zien wat het belangrijkste is voor een geslaagde skivakantie: sneeuw!

© Noordhoff Uitgevers

Noordhoff Uitgevers bv

4 Frag nicht deine Mutter!

Eine Reise mit der Schule nach Österreich. 'Das ist toll!', meint Ilona. Und wie denkt ihre Mutter darüber?

Ilona: Mama, darf ich mit der Schule nach Österreich in Skiurlaub fahren?
Mutter: Wann? Und du kannst doch gar nicht Ski fahren?
Ilona: Im Februar. Skier und so kann ich leihen und Skifahren kann ich lernen.
Mutter: Das kostet aber eine Menge Geld.
Ilona: Eigentlich nicht. Mein Sportlehrer ist auch Skilehrer. Der bringt uns das bei.
Mutter: Ach so. Na ja. Wie teuer ist das denn?
Ilona: Um die dreihundert Euro. Tagesskipass für fünf Tage mit inbegriffen.
Mutter: Das geht noch.
Ilona: Toll! Fast unsere ganze Klasse kommt mit. Nur einige haben Wien gewählt.
Mutter: Du kannst auch nach Wien? Dann musst du Wien wählen. Guck' hier im Prospekt. Wien ist sagenhaft. Schloss Schönbrunn, das Sisi-Museum, das Museum von Klimt...
Ilona: Mama, DU musst nach Wien. Warum fährst du nicht, wenn ich Skifahren bin, mit Papa nach Wien? Ist das nicht eine tolle Idee?
Mutter: Ja. Oh, Ilona, das ist eine tolle Idee. Soll ich deinen Vater jetzt gleich anrufen?
Ilona: Natürlich. Super! Ihr fahrt nach Wien und ich werde Ski fahren. JUHU!
Mutter: Nein, nein, Ilönchen. Du kannst dann nicht mehr fahren. Das wird viel zu teuer.
Ilona: Sag' mal?! Mama, du musst dich echt nie mehr wundern, dass ich ab jetzt alles – und ich meine wirklich alles – nur noch mit Papa bespreche.

5 Bei den Eisbären

© Noordhoff Uitgevers

6 Der erste Winter – *Silla*

Silla:
Es wird kalt wenn das Jahr vergeht,
der Sommer war extrem trocken,
jetzt bilden sich die ersten Schneeflocken,
schon früher hat uns diese Zeit gefallen,
deine schönen Augen funkeln wie ein Eiskristall
unsere Hütte steht am Fuß des Berges
wenn du nur wüsstest, was du mir wert bist!
Ich bin bei niemanden so ausgelassen
ich hab dir versprochen auf dich aufzupassen
denn manchmal fehlen weit und breit die Rettungsboote
du warst da als das Eis zu brechen drohte
ich kann die Bilder sehen in jener Nacht
und denk zurück an unsere allererste Schneeballschlacht
wie du gelächelt hast beim Schlittenfahren
das war bevor wir so zerstritten waren
ich erwache aus dem Winterschlaf
mach meine Augen auf
doch du bist nicht mehr da

Refrain:
Cassandra Steen:
Das ist der erste Winter, in meinem Leben
mein erster Winter, ohne Licht
der erste Winter, ich werd' ihn überleben
den ersten Winter, ohne dich, ohne dich, ohne dich!

Silla:
Diese Landschaft könnte ich stundenlang betrachten
draußen sieht man schneebedeckte Tannenzapfen
die Nacht umgibt die Sonne, deshalb schimmert sie rot
wenn ich das Tal sehe, kommt die Erinnerung hoch
du warst bereit aus dem Dorf in die Stadt zuziehen
für mich, dann wurd' gefeiert, Après-Ski
warum haben wir es nicht geschafft?
Ich muss an dich denken, jede kalte Winternacht
denn das ist alles was mir blieb
ich schreibe diesen Brief
für den Fall, dass du ihn liest
in welches Land es dich auch zieht
ich werd' ewig auf dich warten
für den Fall dass du mich liebst
ich hab' gehofft, ich werde mit dir alt
spüre keine Wärme mehr, bitterkalt
werd' ich dich jemals wieder in den Armen halten?
Ich folg' dir durch die kalte Jahreszeit!

Refrain

Schlieri, der 'König der Lüfte'

Gregor Schlierenzauer ist der erfolgreichste, österreichische Skispringer. Er wird sogar der weltweit erfolgreichste Skiflieger aller Zeiten genannt. Sein Spitzname ist 'Schlieri'. Seine Sportkarriere fängt 1999 an. Gregor ist neun Jahre alt. Ein Fußballfreund fragt ihn: 'Wollen wir mal Ski springen?'. Sie werden zusammen Mitglied im Skisprungverein 'SV–Innsbruck–Bergisel'. Seit dem ersten Training im September 1999 ist das Springen Gregors Sport Nr. 1! Schon bald hat er großen Erfolg. 2006 wird er Weltmeister bei den Junioren. Seinen ersten Weltcupsieg holt er in demselben Jahr. Jetzt hat er schon 50 Weltcupsiege: Schlieri ist der beste Skispringer der Welt.

Schlierenzauer ist Olympiasieger (Mannschaft), Weltmeister und zweifacher Vierschanzentourneesieger. Nur eine olympische Einzelgoldmedaille fehlt ihm noch. Dafür trainiert er aber hart. Noch einige Fakten:

Sein weitester Sprung zählt 243,5 Meter. Wenn er von der Schanze springt, kommt er in wenigen Sekunden auf bis zu 100 Kilometer pro Stunde. Wenn er in der Luft ist, schwebt er etwa elf Meter über dem Boden. Er landet mit einer Geschwindigkeit von 130 Kilometern pro Stunde. Schlierenzauer hat viele andere Hobbys, wie Skifahren, Fußball, Tennis, Golf und Fotografieren.

Wohin im Wintersport? Und wann?
Termine und tolle Gästehäuser für Ihre Wintersportwoche und Schulskikurs!
Folgende attraktive Termine sind buchbar.

Gästehaus	Region	von	bis	Gruppengröße max.
Lindenhof	Eben	13.01	18.01	25
Peilsteinhof	Kleinarl	03.03	08.03	25
Sonnenhof	Maria Alm	09.02	16.02	50

6 Tage / 5 Nächte, Vollpension pro Person inkl.
5 Tagesskipass: Preis pro Schüler: 270,70

Verleihmaterial
Zudem können wir Ihnen exklusiv folgende Preise für das benötigte Verleihmaterial anbieten:

Skischuhe, Boardboots, Helm (5,6,7 Tage): 40,-

Gerne bieten wir Ihnen auch den kostenlosen Service des organisierten Bustransfers, der Sie direkt vom Erlebnisgästehaus zum Skiort und wieder zurück bringt. Hier garantieren wir komfortable Reisebusse.

Nach: www.youngaustria.com

© Noordhoff Uitgevers

10

Retter in der Not!

Wenn ein Mensch in eine Lawine geraten ist, zählt jede Minute. Zur Rettung werden speziell ausgebildete (*opgeleide*) Suchhunde eingesetzt. Sie erschnüffeln die Verschütteten (*bedolven personen*) mit ihrer feinen Nase und zeigen die Fundstelle (*vindplaats*) durch lautes Gebell an. Dort graben die Retter von der Bergwacht.

Besonders geeignet als Lawinen-Suchhunde sind Schäferhunde, Labradore, Border Collies und Golden Retriever. Die Lebensretter auf vier Pfoten beginnen schon als Welpen mit der Ausbildung. Los geht's mit einfachen Übungen: Herrchen (*baasje*) versteckt einen Gegenstand (*voorwerp*). Der Hund sucht und findet ihn, dafür bekommt er etwas Leckeres und ganz viel Lob als Belohnung. So lernt er, dass es toll ist und sich lohnt, wenn er etwas findet.

Nach: Willi wills wissen, Nummer 9

Joggen im Winter

Grauer Himmel, kalte Temperaturen, vielleicht auch noch Regen oder Schnee. Für Jogger darf das kein Problem sein. Sie sollten auch bei schlechtem Wetter ihren Sport beibehalten. Sie wollen über den Winter ihre Form nicht verlieren.

Wichtig ist die Kleidung. Jogger ziehen sich meistens im Winter zu warm an. Sie können sich nämlich an der Haustür nicht vorstellen, dass es ihnen bei diesen Temperaturen mal warm werden könnte. Doch nach wenigen hundert Metern hat sich der Jogger warm gelaufen und gerät ins Schwitzen. So nimmt die Erkältungsgefahr zu.

Tipp: Wenn man losläuft und fröstelt (*van de kou rilt*), ist man richtig angezogen.

Nach: www.welt.de

SPRECHEN

12 Bizarre Bilder: Auf der Piste

13 Plauderecke A

Je vraagt / zegt	Du fragst / sagst	Du kannst antworten
1. Ski je graag?	Fährst du gerne Ski?	Ja, Skifahren ist super! Ich bin noch nie Ski gefahren.
2. Ben je een beginner?	Bist du Anfänger?	Das kann man wohl sagen. Nein, ich bin Fortgeschrittener.
3. Waar ga je op wintersport?	Wohin fährst du in Skiurlaub?	Meistens in die Schweiz. Nach Österreich oder Tschechien.
4. Met wie ga je daarnaartoe?	Mit wem fährst du dorthin?	Mit meinen Eltern und Geschwistern. Ich fahre mit Freunden dorthin.
5. Ken je het Sauerland?	Kennst du das Sauerland?	Ja, mit der Schule bin ich zum Skifahren da gewesen. Nein, dort war ich noch nie!
6. Huur je ski's of heb je ze gekocht?	Leihst du Skier, oder hast du sie gekauft?	Die leihe ich, dann brauche ich die nicht mitzunehmen. Die haben meine Eltern gekauft.
7. Hoe lang is de skipas geldig?	Wie lange ist der Skipass gültig?	Das hängt davon ab. Manche Skipässe sind drei Wochen lang gültig.

© Noordhoff Uitgevers

14 Heute scheint die Sonne

Jana und ihre Mutter verbringen den Winterurlaub zusammen. Ihre Mutter interessiert sich aber nicht für Skifahren.

Vater: Und wie wird das Wetter morgen?
Jana: Die Wetteraussichten sind gut. Heute ist es kalt, aber die Sonne scheint.
Vater: Ideales Wetter zum Skifahren.
Jana: Genau. Ach, wenn du nur hier wärst, Papa. Da könnten wir die schwarzen Piste fahren. Genauso wie letztes Jahr.
Vater: Fährt Mama nicht mit dir?
Jana: Nein. Die schwarzen Piste will sie sowieso nicht fahren. Heute Morgen war sie bei der Kosmetikerin und jetzt ist sie in der Stadt einkaufen. Sie mag nicht mehr Ski fahren.
Vater: Sie ist nur wegen dir und mir in Skiurlaub gefahren. Und ich habe abgesagt.
Jana: Macht nichts, Papa. Wie sieht's bei dir aus?
Vater: Es geht. Heute wird es regnen. Aber das ist egal. Ich bin ja den ganzen Tag im Büro. Wann fahrt ihr eigentlich zurück? Samstagnacht oder Sonntag?
Jana: Am Sonntag. Du, weißt du, was toll ist? Ich frühstücke jeden Morgen in einem Café!
Vater: Wieso? Frühstückst du nicht im Hotel? Ist das Frühstück nicht gut?
Jana: Doch. Aber im Café sind die Brötchen ausgezeichnet!
Vater: Ach so!
Jana: Moment. Da ist jemand an der Tür. Wartest du kurz? Ahhhhh, Papa, du bist gekommen!

15 Plauderecke B

Je vraagt / zegt	Du fragst / sagst	Du kannst antworten
1. Waar overnacht je tijdens je vakantie?	Wo übernachtest du im Urlaub?	Wir übernachten in einem Hotel. Meine Eltern haben eine Ferienwohnung gemietet.
2. Ontbijt je in het hotel?	Frühstückst du im Hotel?	Ja, das Frühstück dort ist sehr gut. Nein, meistens frühstücke ich im Dorf.
3. Hoe lang blijf je in … ?	Wie lange bleibst du in … ?	Ich bleibe genau eine Woche. Wir bleiben dort fünf Tage.
4. Wanneer gaan jullie weer terug?	Wann fahrt ihr wieder zurück?	Übermorgen fahren wir zurück. In drei Tagen fahren wir zurück.
5. Wat voor weer wordt het morgen?	Wie wird das Wetter morgen?	Es wird den ganzen Tag schneien. Es wird kalt, aber die Sonne scheint.
6. Hoe zijn de weersvooruitzichten?	Wie sind die Wetteraussichten?	Leider nicht so gut, es wird regnen. Die sind super, sonniges Wetter und wenig Wind.
7. Zal het vandaag gaan regenen?	Wird es heute regnen?	Ja, leider, Regen ist schlecht für die Pisten. Nein, es bleibt trocken.

Noordhoff Uitgevers bv

SCHREIBEN

16 Blog

Blog  Suche

Wie geht's dir??  Gefällt mir

Oma

Mein lieber Junge!

Wie geht's dir? Deine Mutter hat mir erzählt, du bist zurück aus dem Skiurlaub. Sie hat mir gesagt, dass er dir gut gefallen hat. Mehr hat sie nicht gesagt. Ich bin fast vor Neugier geplatzt. Aber du kennst ja deine Mutter. Die will, dass du mir das selber erzählst.

Wo wart ihr untergebracht? Bestimmt in einer Jugendherberge? Wie war das Essen? Und dein Bett? Kannst du jetzt eigentlich Ski fahren? Lernt man das in einer Woche? Ich stell' mir das wahnsinnig schwierig vor. Du siehst, ich habe viele Fragen. Wenn du mir nicht zurückschreibst, dann rufe ich dich morgen an.

Tschüs, mein Junge. Hoffentlich höre ich bald von dir.

Liebe Grüße

Deine Oma

vor 48 Minuten

17 Schreibecke

Je schrijft	Du schreibst
1. Ik ben blij met je berichtje.	Ich freue mich über deine Nachricht.
2. De wintersport was geweldig.	Der Skiurlaub war toll.
3. Ik heb de kamer met vrienden gedeeld.	Ich habe das Zimmer mit Freunden geteilt.
4. We hebben nauwelijks geslapen.	Wir haben kaum geschlafen.
5. De jeugdherberg is me goed bevallen.	Die Jugendherberge hat mir gut gefallen.
6. Kun je nu skiën?	Kannst du jetzt Ski fahren?
7. Het eten was uitstekend!	Das Essen war ausgezeichnet.
8. Doe de groetjes aan opa!	Grüße Opa von mir!

© Noordhoff Uitgevers b

18 Die besten Ski-Apps

Apps spielen beim Skifahren eine große Rolle. Was sind die besten Apps?

Bergfex
Bergfex ist eine der beliebtesten Apps für die Alpen. Die Allrounder-App ist ein kompaktes Tool mit klarer Menüführung. Im Programm sind die Pistenpläne, Schneehöhen und Wettervorhersagen.

White Risk, die SLF-App
Abfahrten im Pulverschnee sind klasse! Aber nicht ungefährlich. Die wichtigsten Ziele von dieser App des WSL-Instituts für Schnee- und Lawinenforschung SLF: Informationen zur aktuellen Schnee- und Lawinenlage für unterwegs und Wissen zur Lawinenprävention (*kennis over het voorkomen van lawines*). Auf die White Risk App kannst Du außerdem die Touren laden, die du auf der Web Platform geplant hast.

Sports Tracker
Diese App ist perfekt für alle Skifahrer, Snowboarder und Skilangläufer, die ihre Trainingsergebnisse analysieren wollen. Die App nimmt die zurückgelegte Strecke auf und gibt unter anderem die Geschwindigkeit, Durchschnittsgeschwindigkeit und verbrauchte Kalorien an.

Après-Ski
Mit dieser App verpasst du keine Skihütte oder andere Partylocations mehr. Die App sagt dir, wo die Party abgeht. Du kriegst Informationen über Skihütten, Bars und Diskos in 250 Orten.

Nach: www.oe3.orf.at

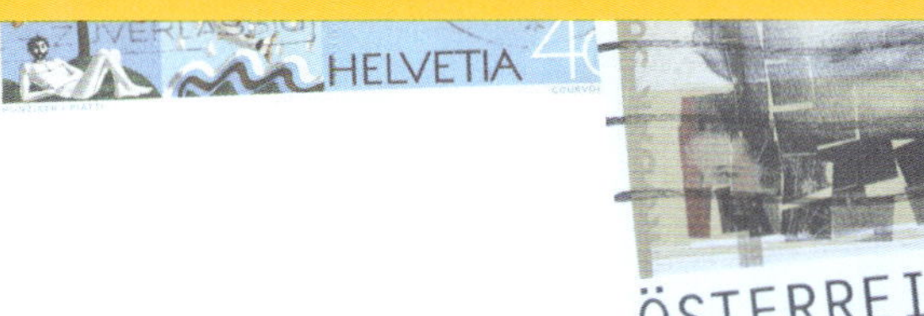

Grammatik

1 Ontleden

Om de naamval te bepalen moet een zin worden ontleed. Dat gebeurt in een bepaalde volgorde, namelijk: *eerst* het onderwerp (= 1e naamval) en *daarna* het lijdend voorwerp (= 4e naamval).

Voorbeeldzin:

Der Mann kauft einen Trabi.

1e naamval

De 1e naamval wordt gebruikt als een zinsdeel het *onderwerp* is. Hoe vind je het onderwerp?

- Zoek eerst het gezegde (dat zijn alle werkwoordsvormen in een zin): 'kauft'.
- Stel daarna de vraag: *Wie / wat + gezegde?:* Wie 'kauft' ?
- Het antwoord is 'Der Mann' = onderwerp = 1e naamval.

4e naamval

De 4e naamval wordt gebruikt als een zinsdeel het *lijdend voorwerp* is. Hoe vind je het lijdend voorwerp?

- Zoek eerst het gezegde en het onderwerp.
- Stel daarna de vraag: *Wie / wat + gezegde + onderwerp?:* Wie / wat 'kauft der Mann'?
- Het antwoord is: 'einen Trabi' = lijdend voorwerp = 4e naamval.

	mannelijk	**vrouwelijk**	**onzijdig**	**meervoud**
1e	der Mann	die Frau	das Kind	die Kinder
4e	den Mann	die Frau	das Kind	die Kinder

2 Regels voor het voltooid deelwoord

	gewone werkwoorden	**werkwoorden die eindigen op -ieren**	**werkwoord die beginnen met *be-*, *ver-* of *er-***
regel:	ge + stam + t	stam + t	stam + t
voorbeeld:	**ge**-mach-**t** **ge**-spiel-**t**	notier-**t**	beteilig-**t** verwechsel-**t** erzähl-**t**

© Noordhoff Uitgevers b

Wörterlisten

de ski	der Ski
de ski's	die Skier
skiën	Ski fahren
de piste	die Piste
de afdaling	die Abfahrt
de skiër	der Skifahrer
de skihelm	der Skihelm
die skibril	die Skibrille
de skibroek	die Skihose
het ski-jack	die Skijacke
de muts	die Mütze
de handschoen	der Handschuh
de handschoenen	die Handschuhe
de skipas	der Skipass
de wintersport	der Skiurlaub
het skigebied	das Skigebiet
het snowboard	das Snowboard
de slee	der Schlitten
schaatsen	Schlittschuh laufen
de schaats	der Schlittschuh
het ijs	das Eis
de beginner	der Anfänger
de gevorderde	der Fortgeschrittene
gemakkelijk	leicht
moeilijk	schwer

het weer	das Wetter
de regen	der Regen
de regenbui	der Schauer
de hagel	der Hagel
de sneeuw	der Schnee
het noodweer	das Unwetter
het onweer	das Gewitter
de vorst	der Frost
de wind	der Wind
de storm	der Sturm
de mist	der Nebel
het zicht (afstand)	die Sichtweite
de zon	die Sonne
de temperatuur	die Temperatur
de hemel	der Himmel
de lucht	die Luft
de schaduw	der Schatten
droog	trocken
fris	frisch
heet	heiß
koel	kühl
koud	kalt
warm	warm
regenen	regnen
sneeuwen	schneien
waaien	wehen

als	wenn
bijvoorbeeld	zum Beispiel
bovendien	außerdem
daardoor	dadurch
daarna	danach
dus	also
eerst	erst
en	und
maar	sondern, aber
of	oder, ob
omdat	weil
ook	auch
ten slotte	zum Schluss
verder	weiter
want	denn
zoals	wie

Noordhoff Uitgevers bv

LANDESKUNDE

Facebook und Festplatte

Stel je voor: je maakt een reis door de tijd en je gaat terug naar 1990. Je neemt een paar producten mee die er toen niet waren en vertelt de mensen van toen er iets over: 'Vandaag heb ik een iPad voor m'n oma gekocht, ze wil namelijk op Facebook. En gisteren heb ik haar m'n oude iPhone gegeven en uitgelegd, hoe je moet twitteren. Maar nu moet ik weer terug naar m'n eigen tijd... doei!' Computers hebben de laatste 25 jaar de wereld erg veranderd... en onze taal ook een beetje. Hoe ziet de wereld er in 2040 uit? Zijn er dan nog sociale media? En hoe slim zijn de computers die dan gemaakt worden? Of kun je je eigen computer in 3D printen?

© Noordhoff Uitgevers b

Noordhoff Uitgevers bv

4 Manchmal tust du mir echt leid

Warum ist Georg böse auf seine Frau Luise? Oder ist Luise böse auf ihn?

Vater: Wer ist Eric Cartman?
Paul: Eric wie?
Vater: Eric Cartman, Luise?
Mutter: Wieso?
Vater: Auf deinem Facebook schreibt dieser Typ, dass er den Nachmittag so schön mit dir verbracht hat. Dass du wahnsinnig gut aussiehst.
Mutter: Wie bitte? Bist du dir sicher, dass du das nicht ohne Paul besprechen willst?
Paul: Mama, tututut, so was geht die ganze Familie an.
Vater: Unglaublich, Luise.
Mutter: George, du bist überhaupt nicht auf Facebook. Wie kannst du eigentlich meine Homepage lesen? Das frag' ich mich.
Vater: Das ist völlig egal. Luise, ich weiß es nicht mehr. Ich schlage vor, du schläfst heute Abend bei einer Freundin.
Paul: Vielleicht bei Eric Cartman?
Mutter und **Paul:** Hahaha.
Vater: Sagt mal ihr beiden, seid ihr verrückt geworden?
Mutter: Beruhige dich, Paul. Eric Cartman ist eine Figur im Fernsehen, aus South Park. Meine Freundin Ella ist auf Facebook Eric Cartman. Mit ihr war ich heute in der Stadt.
Vater: Wie? Was?
Paul: Ach, Papa. Manchmal tust du mir echt leid.

5 Museum für Kommunikation

© Noordhoff Uitgevers

6 Irgendwas bleibt – *Silbermond*

Sag' mir, dass dieser Ort hier sicher ist
und alles Gute steht hier still.
Und dass das Wort, das du mir heute gibst,
morgen noch genauso gilt.

Diese Welt ist schnell
und hat verlernt beständig zu sein.
Denn Versuchungen setzen ihre Frist.
Doch bitte schwör', dass wenn ich wieder komme,
alles noch beim Alten ist.

Refrain:
Gib mir ein kleines bisschen Sicherheit
in einer Welt in der nichts sicher scheint.
Gib mir in dieser schweren Zeit irgendwas das bleibt.
Gib mir einfach nur ein bisschen Halt.
Und wieg' mich einfach nur in Sicherheit.
Hol' mich aus dieser schnellen Zeit.
Nimm mir ein bisschen Geschwindigkeit.
Gib mir was... irgendwas, das bleibt.

Auch wenn die Welt den Verstand verliert,
das 'Hier' bleibt unberührt, nichts passiert...

Refrain

Noordhoff Uitgevers bv

LESEN

7

GameStop - Wir bringen's überall

- ✓ Neuheiten vorbestellen und pünktlich zum Release ein Computerspiel spielen
- ✓ Gebrauchte Games und Konsolen zum supergünstigen Preis und inkl. Garantie
- ✓ PC-Games direkt downloaden
- ✓ Original GameStop-Zubehör
- ✓ Previews, Screenshots und Game-Trailer
- ✓ Einfache Rückgabe in deiner Filiale möglich

Du liebst Games genau wie wir?

- Tausch' dich mit über 13.000 Fans aus
- Schau' dir z.B. die neuesten Game-Trailer an
- Hol' dir alle Infos zu unseren aktuellen Aktionen
- Gewinne jede Woche wertvolle Preise. Klicke auf 'Gefällt mir' unter: www.facebook.com/GameStopDeutschland

GameStop online-Vorteil:
- Riesige Auswahl an Spielen
- Versandkostenfreie Lieferung
- Bequem per Kreditkarte, PayPal und Giropay bezahlen

Nach: GameStop

8

Sieben Wochen ohne Facebook

In der Fastenzeit verzichten (*niet doen*) Menschen auf verschiedene Dinge: Süßigkeiten, Fleisch oder Fernsehen. Von Aschermittwoch bis Ostern wird verzichtet, aus ganz unterschiedlichen Gründen. Einige folgen der christlichen Tradition, andere wollen ihrem Körper einfach mal etwas Gutes tun. Jetzt ist noch ein weiteres 'Genussmittel' hinzugekommen, dass einige für sieben Wochen meiden wollen: Facebook.
Daniel (15) hat von der digitalen Fastenaktion gehört. Sieben Wochen ohne Facebook. Viele seiner Kumpels hätten ein riesiges Problem damit, für eine so lange Zeit offline zu sein. Aber Daniel hat es geschafft. Endlich wieder mehr Zeit für Darts und Tischfußball mit Freunden im Hobbykeller. 'Ich hatte total vergessen, wie viel Spaß das macht', erzählt der Hauptschüler. 'Nächstes Jahr wollen mehr Schüler in unserer Klasse mitmachen. Alle, die mitgemacht haben, fanden es gar nicht so schwer, ein paar Wochen ohne Facebook.' Was echt hart wäre für Daniel? Zwei Monate ohne Hamburger und andere Fleischgerichte!'

Nach: www.yaez.de

Witz

© Noordhoff Uitgevers

10

Risiken im Umgang mit Social Media

Social Media-Aktivitäten sind im Allgemeinen nur positiv. Nicht nur für Jugendliche sondern auch für ältere Leute. Es ist aber auch wichtig, auf Gefahren aufmerksam zu machen, die Social Media-Aktivitäten mit sich bringen. Hier stehen die fünf Wichtigsten.

1. Wer liest, was ich schreibe?
Kommunikation im Internet: Wer kann das lesen, was du schreibst? Ganz deutlich ist das nicht immer. Viele auf Facebook geteilte Bilder oder Notizen können sich 'Freunde von Freunden' ansehen. Wer ist das? Und was kann mit privaten Chats geschehen? Es ist nämlich so, dass was in einem Chat geschrieben wird, kopiert werden kann. Dann kann es auch auf einem anderen Computer zu lesen sein.

2. Wer bin ich im Internet – und wer sind die anderen?
Oft gebraucht man Pseudonyme im Internet. Man kann davon ausgehen, dass man mit einem Pseudonym nicht besser geschützt (*beschermd*) ist als ohne.

3. Passwörter sind kein sinnvoller Vertrauensbeweis
Junge Menschen geben Freunden ihre Passwörter, um ihr Vertrauen zu demonstrieren. Das ist gefährlich: Freundschaften sind nicht immer für immer, Vertrauen wird missbraucht.

4. Privatsphäreneinstellungen
Es gibt keine Social Media-Plattform, bei der es möglich ist, die Privatsphäre komplett zu schützen (*beschermen*). Es ist nämlich nicht möglich, ein Account aus dem Internet zu entfernen (*verwijderen*).

5. Sucht und digitale Einsamkeit
Social Media kosten viel Zeit und haben Gefahren: Einsamkeit und Abhängigkeit.

Nach: www.schulesocialmedia.com

11

Was ist der österreichischen Jugend wichtig?

Jugendliche in Österreich wurden gefragt, was sie in ihrem Leben wichtig finden. Natürlich das Internet. Das ist keine Überraschung. Aber wie steht die Jugend zur Familie und Karriere? Und sind Politiker Vorbilder oder ist Jugendlichen Politik egal?

Internet
Ohne Internet geht für die Jugendlichen von heute gar nichts mehr. YouTube und andere Videoplattformen sind mittlerweile beliebter als das Fernsehen.
Die Jugendlichen sind auch unterwegs online. Bereits 70,9 % nutzen Social Media wie Facebook über ihr Smartphone. Im Schnitt sind die Jugendlichen bereits 73,5 Minuten pro Tag über Handy oder Tablet-PC im Internet.

Familie und Karriere
Wichtig findet die Jugend in Österreich eine eigene Familie. Die ist für die Jugend viel wichtiger als die Karriere. Logisch ist denn auch, dass die steigende Arbeitslosigkeit unter Jugendlichen nur jedem Dritten (34,8%) den Kopf zerbricht.

Politik
Und was halten die Jugendlichen von Politik? Die meisten Jugendlichen interessieren sich für Politik und sind auch gut informiert. Die Politiker dagegen sind ihnen egal. Vorbilder sind Politiker schon lange nicht mehr.

Nach: www.diepresse.com

Noordhoff Uitgevers bv

SPRECHEN

12 Bizarre Bilder: Im Computerraum

13 Plauderecke A

Je vraagt / zegt	Du fragst / sagst	Du kannst antworten
1. Hoeveel computers zijn er bij jou thuis?	Wie viele Computer gibt es bei dir zu Hause?	Drei: Meine Eltern haben einen Laptop, ich habe ein Tablet.
2. Van wat soort games houd je?	Welche Computerspiele magst du?	Ich mag Abenteuer. Ich mag Fußballspiele.
3. Hoeveel uur per dag ben je online?	Wie viele Stunden am Tag bist du online?	Etwa acht Stunden pro Tag. Das ist unterschiedlich.
4. Wat doe je met je telefoon?	Was machst du mit deinem Handy?	Ich höre viel Musik. Ich verschicke Nachrichten und Fotos. Ich rufe Freunde und Verwandte an!
5. Wie betaalt jouw abonnement?	Wer bezahlt deinen Vertrag?	Das bezahle ich. Ich habe einen Nebenjob. Meine Eltern bezahlen das.
6. Gebruik je je telefoon voor school?	Benutzt du dein Handy für die Schule?	Ja, mein Stundenplan steht drin. Nein, Handys sind in meiner Schule verboten.
7. Hoe duur was jouw telefoon?	Wie teuer war dein Handy?	Das weiß ich nicht mehr genau. Etwa € 300,-, glaube ich.

© Noordhoff Uitgevers

14 Aber mein Handy liegt...

Handys verursachen manchmal Probleme...

Mutter: Handys weg! Ihr nervt! Das sag' ich euch. Was macht ihr eigentlich?
Eva: Ich schicke Nachrichten und ganz witzige Fotos zu Freunden.
Vater: Moment, Susanne. Da hab' ich noch ein Besseres. Guck', Eva!
Mutter: Nein, hier mit dem Handy, Eva. Du kriegst es morgen nach der Schule zurück.
Eva: Hey, Mama. Das geht nicht, mein Stundenplan ist da drin.
Mutter: Wer bezahlt deinen Vertrag, Eva?
Eva: Du, Mama.
Vater: Gib deiner Mutter das Handy! Wir haben ja meins noch.
Eva: Genau.
Mutter: So, und deins habe ich jetzt auch. Das verschwindet im Müll.
Vater: Susanne, du hast sie nicht mehr alle!
(*Einige Minuten später*)
Vater: Susanne, deine Chefin hat gerade angerufen. Sie kann dich nicht auf deinem Handy erreichen. Du musst sie sofort zurückrufen. Ganz dringend.
Susanne: Ich hab' mein Handy im Büro liegen lassen. Ich hab' ihre Nummer nicht. Ist in meinem Handy drin.
Vater: Ich hab' die Nummer. In meinem Handy. Aber mein Handy liegt in der Mülltonne.
Susanne: Du... Ahhhhhhhh.

15 Plauderecke B

Je vraagt / zegt	Du fragst / sagst	Du kannst antworten
1. Hoe vind je Twitter?	Wie findest du Twitter?	Toll, man wird schnell informiert. Twitter finde ich doof.
2. Zit je op Facebook?	Hast du Facebook?	Ja, da heiße ich Schnappi. Nein, mein Account wurde gehackt.
3. Waarvoor gebruik je Facebook?	Wofür benutzt du Facebook?	Ich schreibe Nachrichten und chatte. Ich gebe Kleinanzeigen auf.
4. Post je vaak een bericht?	Postest du oft eine Nachricht?	Ja, mindestens zehnmal pro Tag. Das hängt davon ab.
5. Gebruik je YouTube?	Benutzt du YouTube?	Ja, ich habe einen eigenen Account. Ja, dort schaue ich mir Filme an. Ja, dort sehe ich mir Lieder an.
6. Kijk je naar 'Uitzending Gemist'?	Guckst du dir 'Sendung verpasst' an?	Ja, immer öfter. Auf jeden Fall einmal pro Woche.
7. Koop je vaak apps?	Kaufst du oft Apps?	Ja, Apps sind ganz nützlich. Nein. Es gibt ja kostenlose Apps.

Noordhoff Uitgevers bv

SCHREIBEN

16 Blog

Blog 

Suche

Sofort reagieren?

Frank

Wie ihr wisst, hatte ich eine Freundin. Leider hat unsere Liebe nur zwei Wochen gedauert. Warum nicht länger? Hier meine Version.
Wir hatten ständig online Kontakt miteinander: über Facebook, Instagram, Twitter. Ich habe alle ihre Fotos geliked, sie hat meinen Blog gelesen und eine Nachricht gepostet. Und dann haben wir uns noch die ganze Zeit WhatsApp-Nachrichten geschrieben. Fand ich alles prima.
Nur nicht wenn ich mit meinen Freunden zusammen war. Da hatte ich keine Lust gleich auf eine Nachricht zu reagieren. Das erste Mal, als ich nicht sofort reagierte, hat sie mich angemacht: 'Hallo! Was ist denn? Wo bist du? Magst du mich nicht mehr?' Ich: 'Doch. Bin aber bei meinen Freunden. Ich melde mich später bei dir.' Das fand sie prima. Aber einige Tage später ging's wieder los. Da hat sie mich böse angerufen. 'Warum reagierst du nicht? Bist du bei einer Freundin? Ich sehe, dass du meine Nachrichten liest, warum reagierst du nicht?'
Da habe ich mir gedacht: Nein, das will ich nicht. Ich will mich nicht ständig verpflichtet fühlen, direkt zu reagieren. Da habe ich Schluss mit ihr gemacht.

So, jetzt möchte ich eigentlich gerne wissen, wie ihr dazu steht. Ist es normal, sofort auf eine Nachricht zu reagieren? Oder darf man auch mal eine Stunde später oder nach zwei oder drei Stunden reagieren? Ich lese gerne euere Meinungen dazu.

Mach's gut!

Frank

14 Personen gefällt das

17 Schreibecke

	Je schrijft	Du schreibst
1.	Hallo Frank!	Hallo Frank!
2.	Ik ben het niet met je eens.	Ich stimme nicht mit dir überein.
3.	Ik vond het al raar.	Ich fand es schon komisch.
4.	Ik zet mijn telefoon uit.	Ich schalte mein Handy aus.
5.	Het is vreemd, dat hij dat niet begrijpt.	Es ist merkwürdig, dass er das nicht versteht.
6.	Je hoeft niet meteen te reageren.	Du brauchst nicht sofort zu reagieren.
7.	Dat kan ik goed begrijpen.	Das kann ich gut verstehen.
8.	Hartelijke groeten.	Herzliche Grüße.

© Noordhoff Uitgevers

18 Geschichte der Kommunikation

Ohne Handys und Internet kann man heute nicht kommunizieren. Aber wie hat man das vor mehr als 150 Jahren gemacht?

Morsetelegraph
Der Morsetelegraph wurde 1837 erfunden (*uitgevonden*). Es gibt einen Sender und einen Empfänger, die miteinander verbunden sind. Durch elektrische Signale können Nachrichten zueinander geschickt werden.

Erfindung Telefon
1861 erfand der deutsche Mathematik- und Physiklehrer Philip Reis einen Apparat mit dem man telefonieren konnte. Diesen Apparat nannte (*noemde*) er Telefon. Sein Telefon kam aber nie auf den Markt. Mit einem besseren Model schaffte das 15 Jahre später Alexander Graham Bell aus Großbritannien.

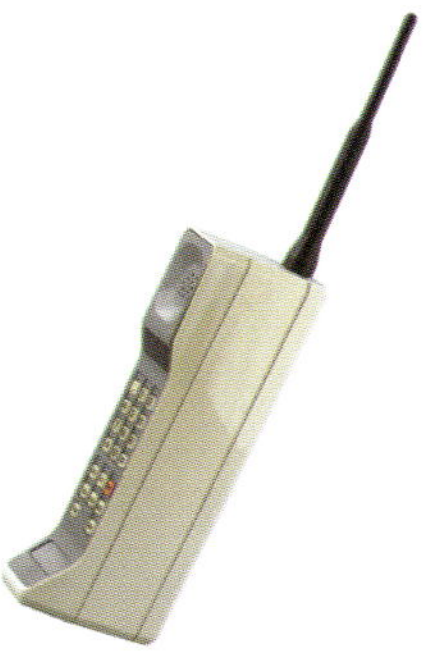

Handy
1992 wurde das erste GSM Netz in Deutschland freigeschaltet und man konnte die ersten Handys kaufen. Damals waren die noch sehr groß und schwer. Außerdem waren die Geräte sehr teuer. Auch war das Telefonieren nicht billig.

Internet in Deutschland
Das Internet, so wie man es heute kennt, wurde 1993 freigegeben. Mit 500 Webseiten in Betrieben und Büros fing alles an. Erst später benutzte man das Internet zu Hause. Ab 1998 / 1999 benutzte man das Internet vermehrt zu Hause.
Zehn Jahre später gab es über 12 Milliarden Webseiten. Surfen, Chatten, Musik und Filme herunterladen sind ganz normal geworden. Wie das Internet die Gesellschaft (*maatschappij*) verändert hat, hätte sich damals niemand vorstellen können.

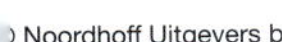
© Noordhoff Uitgevers bv

Grammatik

1 *Ein*-groep

	mannelijk	vrouwelijk	onzijdig	meervoud
1e	ein Mann	ein**e** Frau	ein Kind	kein**e** Kinder
4e	ein**en** Mann	ein**e** Frau	ein Kind	kein**e** Kinder

Opmerkingen bij de *ein*-groep:

1. De vetgedrukte uitgangen komen achter de andere woorden uit de *ein*-groep. Tot deze groep behoren:

geen	mijn	jouw	zijn	haar	ons, onze	jullie	hun	uw
kein-	*mein-*	*dein-*	*sein-*	*ihr-*	*unser-*	*euer-*	*ihr-*	*Ihr-*

2. Achter deze woorden komt *vaak*, *maar niet altijd*, een uitgang. Die uitgang wordt bepaald door de naamval en het geslacht van het zelfstandig naamwoord. Enkele voorbeelden:

Da steht mein Bruder.	1e naamval mannelijk
Ich habe ihr Etui verloren.	4e naamval onzijdig
Das ist für dein**e** Freunde.	4e naamval meervoud

2 Voltooid deelwoord van sterke werkwoorden

blijven	bleiben	ist geblieben
doen	tun	hat getan
drinken	trinken	hat getrunken
eten	essen	hat gegessen
gaan	gehen	ist gegangen
geven	geben	hat gegeben
houden, stoppen	halten	hat gehalten
komen	kommen	ist gekommen
lezen	lesen	hat gelesen
nemen	nehmen	hat genommen
rijden, varen	fahren	ist gefahren
roepen	rufen	hat gerufen
schrijven	schreiben	hat geschrieben
slapen	schlafen	hat geschlafen
staan	stehen	hat gestanden
vergeten	vergessen	hat vergessen
vinden	finden	hat gefunden
zien	sehen	hat gesehen
zingen	singen	hat gesungen
zwemmen	schwimmen	ist geschwommen

© Noordhoff Uitgevers b

 8812 Personen gefällt das

 64 Personen gefällt das nicht

Wörterlisten

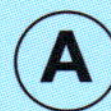

de computer	der Computer
de laptop	der Laptop
de afmeting	das Ausmaß
het gewicht	das Gewicht
de batterij, de accu	die Batterie
de harde schijf	die Festplatte
de muis	die Maus
de toets	die Taste
het toetsenbord	die Tastatur
het beeldscherm	der Bildschirm
de printer	der Drucker
de telefoon	das Handy
het netwerk	das Netz
de beltoon	der Klingelton
het teken	das Zeichen
de tekens	die Zeichen
de internetaanbieder	der Provider
de camera	die Kamera
de kalender	der Kalender
de functie	die Funktion
de functies	die Funktionen
de gegevens	die Daten
de belangrijkste kenmerken	die Hauptmerkmale
de maandelijkse kosten	die monatlichen Gebühren

de gebruikersnaam	der Benutzername
het wachtwoord	das Kennwort
het bestand	die Datei
de e-mail	die E-Mail
het bericht	die Nachricht
de berichten	die Nachrichten
het nummer	die Nummer
de online rekening	die Online-Rechnung
het merk	die Marke
de merken	die Marken
opladen	aufladen
bewerken	bearbeiten
invoeren	eingeben
ontvangen	empfangen
mogelijk maken	ermöglichen
fotograferen	fotografieren
downloaden	herunterladen
op het internet	im Internet
beveiligen	sichern
sms'en	simsen
opslaan	speichern
wissen	löschen
versturen	verschicken
draadloos	schnurlos
verslaafd	süchtig

Noordhoff Uitgevers bv

LANDESKUNDE

14

Ausbildung und Arbeitsplatz

Weet jij al wat je wilt worden? Zou je het liefst als verkoopster in een winkel willen werken of werk je graag in een kapsalon? En werk je graag met je handen en wil je dus bijvoorbeeld automonteur worden, of werk je liever 'met je hoofd' en zou je later op een kantoor willen werken? Of is een baan binnen niets voor jou en werk je het liefst buiten, in de land- of tuinbouw? Of zou je – zoals op een eiland in Duitsland is gebeurd – willen helpen om een 'omgekeerd huis' te bouwen? Zoveel mensen, zoveel wensen: over het soort werk, de werkplek, enzovoort. Wat dat betreft zijn er tussen Duitsland en Nederland maar weinig verschillen.

© Noordhoff Uitgevers b

Ich habe
mein Hobby
zum Beruf
gemacht!

Noordhoff Uitgevers bv

SEHEN UND HÖREN

4 Verrückt nach Autos

Rolf hat in einer Autowerkstatt gearbeitet. Aber die Arbeit hat ihm nicht gefallen.

Mutter: Es tut mir so leid, Junge. Ich weiß, gar nicht was ich sagen soll. Und jetzt?
Vater: Rolf findet schon was. Mach' dir keine Sorgen.
Rolf: Ja, ich finde schon was.
Mutter: Die Arbeit in der Autowerkstatt hat dir so viel Spaß gemacht. Ich versteh' nicht, warum du gekündigt hast. Wir sind in einer Krise und so schnell findet man keinen anderen Job.
Vater: So toll fand er die Arbeit nicht.
Rolf: Nein, so toll fand ich die nicht.
Mutter: Aber Chauffeur? Ben, er will Chauffeur werden.
Vater: Silke, er hat einen Hauptschulabschluss. Und er möchte keine andere Lehre machen. Hast du dich schon nach Jobs umgesehen, Rolf?
Rolf: Bei 'Grandhotel' gibt es eine Stelle. Da hab' ich mich beworben.
Vater: Bei 'Grandhotel'! Klasse! Da wirst du nur in den tollsten Autos fahren.
Mutter: Chauffeur! Was ist denn ein Chauffeur?
Rolf: Weißt du nicht, was ist ein Chauffeur macht? Der parkt die Autos von den Gästen vom Hotel und vom Restaurant.
Mutter: Das ist doch kein ordentlicher Beruf.
Vater: Nein, Silke?! Als wir uns kennengelernt haben, da wir ich Fahrer. Da hast du dich nicht beschwert.
Rolf: Stimmt. Das habt ihr mir mal erzählt. Bevor ich geboren wurde, warst du Chauffeur. Was sagst du dazu, Mama?
Mutter: Dass ihr beide verrückt nach Autos seid. Das sag' ich dazu. Und sonst gar nichts mehr.

5 Berlin Story

© Noordhoff Uitgevers b

6 Bruttosozialprodukt – *Geier Sturzflug*

Wenn früh am Morgen die Werksirene dröhnt
und die Stechuhr beim Stechen lustvoll stöhnt,
in der Montagehalle die Neonsonne strahlt
und der Gabelstaplerführer mit der Stapelgabel prahlt,
ja, dann wird wieder in die Hände gespuckt.
Wir steigern das Bruttosozialprodukt,
ja, ja, ja, jetzt wird wieder in die Hände gespuckt.

Die Krankenschwester kriegt 'nen Riesenschreck,
schon wieder ist ein Kranker weg.
Sie amputierten ihm sein letztes Bein
und jetzt kniet er sich wieder mächtig rein,
ja, jetzt wird wieder in die Hände gespuckt.
Wir steigern das Bruttosozialprodukt,
ja, ja, ja, jetzt wird wieder in die Hände gespuckt.

Wenn sich Opa am Sonntag auf sein Fahrrad schwingt
und heimlich in die Fabrik eindringt,
dann hat Oma Angst, dass er zusammenbricht,
denn Opa macht heute wieder Sonderschicht,
ja, jetzt wird wieder in die Hände gespuckt.
Wir steigern das Bruttosozialprodukt,
ja, ja, ja, jetzt wird wieder in die Hände gespuckt.

A-a-an Weihnachten liegen alle rum und sagen
puh-uh-uh-uh.
Der Abfalleimer geht schon nicht mehr zu.
Die Gabentische werden immer bunter
und am Mittwoch kommt die Müllabfuhr und
holt den ganzen Plunder,
und ab jetzt wird wieder in die Hände gespuckt.
Wir steigern das Bruttosozialprodukt,
ja, ja, ja, jetzt wird wieder in die Hände
gespuckt.

Wenn früh am Morgen die Werkssirene dröhnt
und die Stechuhr beim Stechen lustvoll stöhnt,
dann hat einen nach dem andern die Arbeitswut
gepackt
und jetzt singen sie zusammen im
Arbeitstakt-takt-takt-takt-takt-takt-takt:
Ja! Jetzt wird wieder in die Hände gespuckt.
Wir steigern das Bruttosozialprodukt! Ja, ja, ja!
Jetzt wird wieder in die Hände gespuckt.
Wir steigern das Bruttosozialprodukt! Ja, ja, ja!
Jetzt wird wieder in die Hände gespuckt.

LESEN

7

Außergewöhnliche Berufe

Manche Berufe sind so merkwürdig, dass man sich nicht vorstellen kann, dass es sie wirklich gibt. Hast du schon mal von einem Km/h-Messer beim Fußball oder Golfballtaucher gehört?

-1-

Wer einen außergewöhnlicher Beruf voller Action mag, der kann an mehreren Schulen in Deutschland eine Stuntman-Ausbildung machen. Wer gerne hoch in der Luft arbeitet, kann Windkraftanlagen (*windmolenpark*) reparieren oder die Fenster von einem Hochhaus putzen. Andere bombige Berufe sind zum Beispiel auch Sprengmeister, Minenentschärfer oder Pyrotechniker.

-2-

Außergewöhnliche Berufe gibt es wahrscheinlich mehr als man sich vorstellen kann. Zirkusclowns, Fährmänner, Hypnotiseure und Glockengießer kennt man vielleicht noch. Aber Glasaugenhersteller? Er macht Prothesen für Augen, so dass sich ein künstliches Auge nicht von einem echten Auge unterscheidet.

-3-

Wem diese Berufe noch nicht außergewöhnlich genug sind und lieber an anderen Orten arbeiten will, der sollte vielleicht Arktisforscher oder Ölbohrer werden. Oder er wird einfach Inselwart in Australien! Da sitzt man ein halbes Jahr auf einer einsamen Insel, muss nur ein Inseltagebuch führen und bekommt nebenbei noch rund 72.000 Euro. Die Konkurrenz bei der Bewerbung ist aber groß.

Nach: www.job-key.com

8

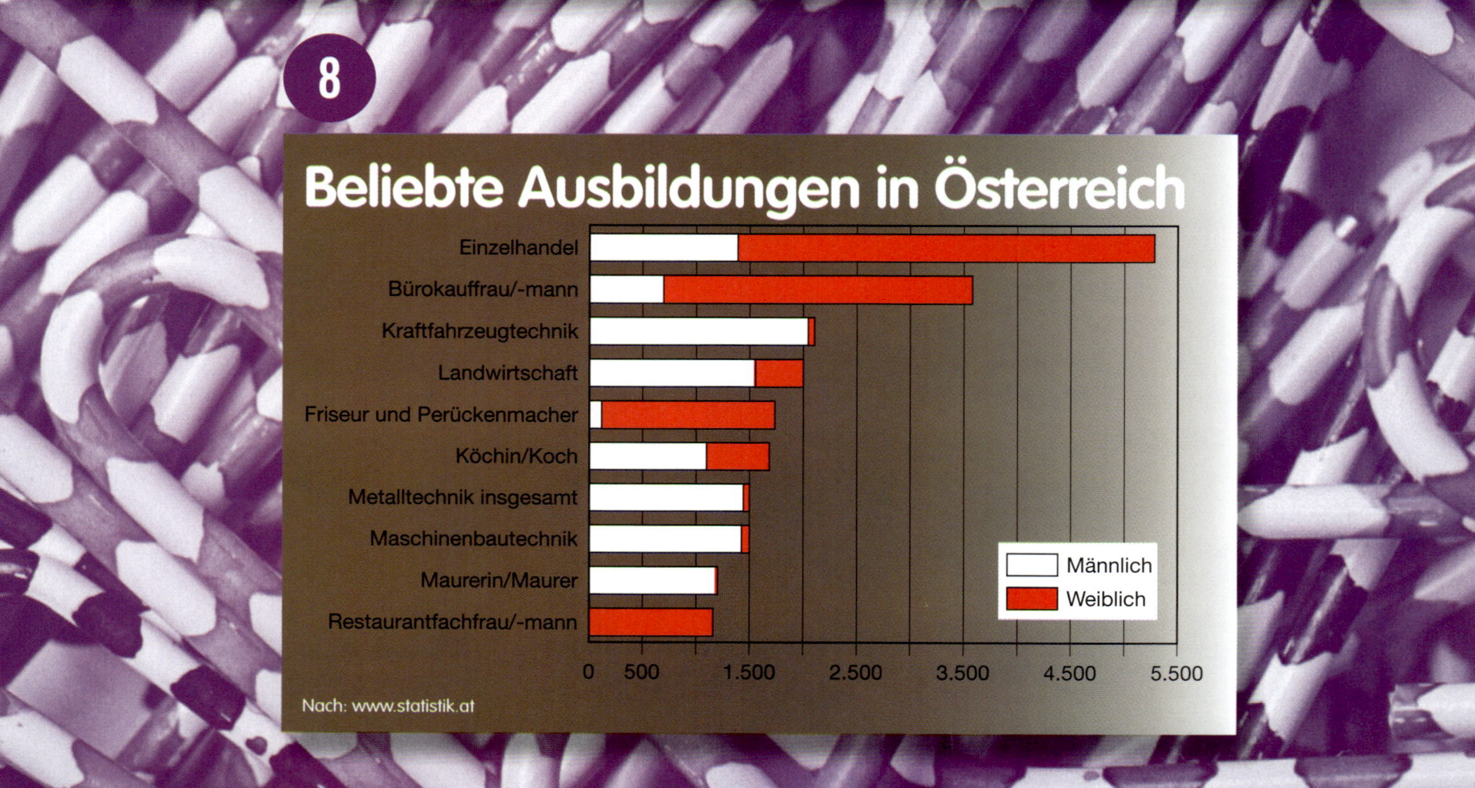

© Noordhoff Uitgevers

9

Hightech auf Rädern

Kannst du dir einen Beruf rund um PKW, LKW oder Motorräder vorstellen? Damit triffst du eine sehr gute Wahl für den Start in dein Berufsleben.

Made in Germany

Die Deutsche Automobilbranche ist einer der wichtigsten Industriezweige der deutschen Wirtschaft. Keine andere Branche in Deutschland ist so groß wie die Automobilbranche. Die deutschen Autokonzerne setzen auf den Namen *Made In Germany*, was für Qualität, Sicherheit und neueste Technologie steht. Rund eine halbe Million Menschen arbeiten in dieser Branche. Mit durchschnittlich 90.000 Auszubildenden ist die Automobilbranche der größte Ausbilder im Handwerk.

Elektronische Systeme, Service und Beratung

In der Automobilbranche passiert unglaublich viel: Elektroautos und -roller nehmen zu, Hybridmotoren werden immer interessanter. Schon jeder Kleinwagen ist heute eine Hightech-Anlage auf Rädern. Computer und elektronische Systeme sind wichtige Arbeitsgeräte in diesem Berufsbild. Aber auch Service und Beratung sind wichtig. In den meisten Berufen rund ums Auto gehört das Gespräch mit dem Kunden zum Arbeitsalltag.

Wie sieht deine Zukunft aus?

Was begeistert dich, was kannst du gut? Berufe rund ums Auto bieten dir viele verschiedene Möglichkeiten an.

Nach: www.autoberufe.de

10

Anzeige

Angaben zur Person

Sue
19 Jahre alt
3007 Bern

Angaben zur Betreuung

Art der Betreuung
Babysitter
Mögliche Betreuungszeiten
nachmittags, abends und über Nacht
Maximal mögliche Anzahl Kinder 3
Aus welcher Altersgruppe? bis 9 Jahre

Qualifikationen

Babysitting-Kurs besucht Ja
Referenzen vorhanden Ja

Persönliche Beschreibung

Hallo liebe Eltern,
mein Name ist Sue und ich bin 19 Jahre jung. Ich habe den Babysitterkurs vom Schweizerischen Roten Kreuz besucht. Seit ich 15 bin, habe ich immer mal wieder als Babysitterin gearbeitet. Grundsätzlich bin ich vor allem abends ab 18:30 Uhr verfügbar. Am Wochenende jedoch auch gerne tagsüber und auch mal über Nacht. Ich freue mich auf Ihre Kontaktaufnahme!

Nach: babysitting24.ch

11

Witz

Noordhoff Uitgevers bv

12 Bizarre Bilder: Im Büro

13 Plauderecke A

Je vraagt / zegt	Du fragst / sagst	Du kannst antworten
1. Wanneer doe je eindexamen vmbo?	Wann machst du den Hauptschulabschluss?	In zwei Jahren. In anderthalb Jahren.
2. Wat ga je daarna doen?	Was wirst du danach machen?	Ich gehe in die Realschule. Ich gehe in die Fachoberschule.
3. Hoe lang duurt deze opleiding?	Wie lange dauert diese Ausbildung?	Das hängt davon ab, meistens drei Jahre. Meine Ausbildung dauert zwei Jahre.
4. Wat wil je later worden?	Was möchtest du später werden?	Bürokaufmann, ich möchte bei einer Bank arbeiten. Ich möchte Verkäuferin werden.
5. Loop je dan ook stage?	Machst du dann auch ein Praktikum?	Ja, schon im ersten Jahr. Ja, aber ich weiß nicht, wann.
6. Heb je een bijbaantje?	Hast du einen Nebenjob?	Ja, im Supermarkt fülle ich Regale auf. Im Moment nicht, vielleicht im Sommer.
7. Werk je graag met je handen?	Arbeitest du gerne mit den Händen?	Ja, das mache ich sehr gern! Nein, ich arbeite lieber mit dem Kopf.
8. Is werken op een kantoor iets voor jou?	Ist Büroarbeit etwas für dich?	Nein, ich arbeite lieber im Freien. Ja, ich möchte am liebsten im Büro arbeiten.

© Noordhoff Uitgevers

14 Mit dem Kopf oder mit den Händen?

Wo möchten Semra und Diego später arbeiten? In einer Bank oder auf einem Berg?

Diego: Wann machst du den Hauptschulabschluss?
Semra: In anderthalb Jahren.
Diego: Was wirst du danach machen?
Semra: Ich gehe in die Realschule. Du könntest bei einer Bank arbeiten, so wie du aussiehst.
Diego: Stimmt. Den Anzug zieh' ich gleich aus. Ich arbeite viel lieber im Freien.
Semra: Wieso arbeitest du dann in einer Bank?
Diego: Ich wollte das mal ausprobieren. Was möchtest du später werden?
Semra: Ich möchte in einer Bank arbeiten. Ich arbeite gerne mit dem Kopf. Guck' der Mann dort. Bestimmt ein Ziegenhüter. Ich verstehe nicht, wie Leute den ganzen Tag auf dem Berg rumhängen können.
Diego: Das ist mein Vater. Ich gehe gleich mit ihm den Berg hoch.
Semra: Upps. Entschuldigung.
Diego: Hast du eigentlich einen Nebenjob?
Semra: Ja, im Supermarkt fülle ich Regale auf. Total langweilig.
Diego: Wenn du einen Jobwechsel brauchst. Mein Vater und ich brauchen noch eine Aushilfekraft.
Semra: Ich?
Diego: Warum nicht?! Du magst mich. Dann magst du bestimmt auch meine Ziegen.
Semra: Ich überlege es mir.

15 Plauderecke B

Je vraagt / zegt	Du fragst / sagst	Du kannst antworten
1. Wat zijn je sterke punten?	Worin liegen deine Stärken?	Ich bin pünktlich und sorgfältig. Ich arbeite gerne selbständig.
2. Wat zijn je zwakke punten?	Welche Schwächen hast du?	Ich bin ab und zu ein bisschen unsicher. Ich möchte alles perfekt machen.
3. Hoe zouden je vrienden jou beschrijven?	Wie würden deine Freunde dich beschreiben?	Als nett und zuverlässig. Als fröhlich und freundlich.
4. Hoe werk je onder tijdsdruk?	Wie arbeitest du unter Zeitdruck?	Zeitdruck ist für mich kein Problem. Dann werde ich ein bisschen gestresst.
5. Hoe reageer je op kritiek?	Wie reagierst du auf Kritik?	Gut, ich bin selber auch kritisch. Das hängt davon ab, worüber man kritisch ist.
6. Waarom heb je naar deze baan gesolliciteerd?	Warum hast du dich für diese Stelle beworben?	Ich arbeite gerne mit anderen zusammen. Was ich hier machen werde, gefällt mir.
7. Waarom wil je bij ons bedrijf werken?	Warum willst du bei unserer Firma arbeiten?	Die Firma finde ich toll. Ich denke, dass es eine tolle Firma ist. Die Stimmung soll hier sehr gut sein.

SCHREIBEN

16 Blog

Suche

Hauptschulen in den Niederlanden

Detlef

Ich bin gerade zurück aus den Niederlanden. Dort habe ich einige Hauptschulen besucht. In den Niederlanden ist das Schulsystem anders als in Deutschland. In den Niederlanden darf man zum Beispiel nach dem zweiten Schuljahr Fächer abwählen. Das darf man bei uns nicht. Man hat alle Fächer bis zum letzten Schuljahr. Für Schüler, die genau wissen, was sie werden wollen, ist das oft nicht so einfach.

Karl zum Beispiel. Er ist bei mir in der Klasse. Er will schon sein ganzes Leben lang Lastkraftwagenfahrer werden. Dafür braucht er, meint er, keine Fächer wie Geschichte und Musik. Englisch findet er auch nicht notwendig.
Damit bin ich nicht einverstanden. Englisch braucht jeder. Auch ein Lastkraftwagenfahrer. Er muss sich ja auch in Frankreich und Südeuropa verständigen können. Das habe ich ihm gestern gesagt, als ich mit ihm darüber gesprochen habe. Karl antwortete: 'Mit den paar Wörtern Englisch, die ich jetzt spreche, kann ich mich prima verständigen, denke ich mir so. Und die Südeuropäer sind auch nicht viel besser in Englisch als ich.' Ich habe laut gelacht. Später, als ich zu Hause war, habe ich mich gefragt, ob er Recht hat.

Also, Fächer abwählen dürfen nach dem zweiten Schuljahr in der Hauptschule oder nicht? Ich lese gerne eure Meinungen dazu.

Tschüs

Detlef

17 Schreibecke

	Je schrijft	Du schreibst
1.	Ik weet niet wat ik wil worden.	Ich weiß nicht, was ich werden will.
2.	Ik kan kiezen uit economie, landbouw, techniek en zorg en welzijn.	Ich kann aus Wirtschaft, Landwirtschaft, Technik und Sozial- und Pflegebereich wählen.
3.	Ik twijfel tussen …	Ich schwanke zwischen … .
4.	Ik wil graag … kiezen.	Ich möchte gerne … wählen.
5.	Ik ben slecht / goed in … .	Ich bin schlecht / gut in … .
6.	Ik moet volgende week een keuze maken.	Ich muss nächste Woche eine Wahl treffen.
7.	Morgen heb ik een afspraak met de mentor.	Morgen habe ich einen Termin beim Klassenlehrer.
8.	Ik kan mij in het Duits prima verstaanbaar maken.	Ich kann mich auf Deutsch prima verständigen.

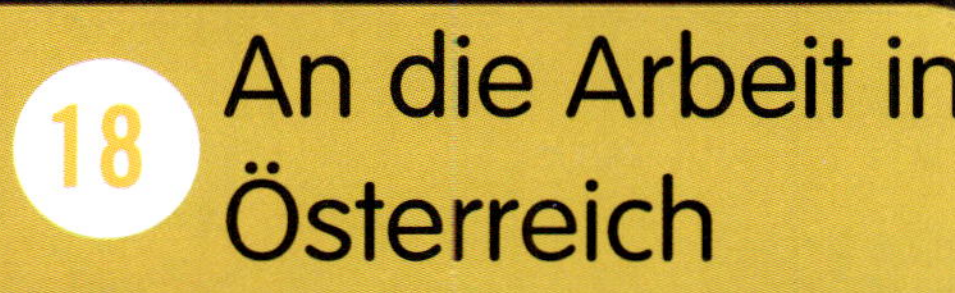

18 An die Arbeit in Österreich

Was muss ein Skilehrer alles können? Und was für eine Ausbildung braucht ein Reiseleiter ein Hundeführer oder ein Eventmanager?

Skilehrer

Ein Skilehrer in Österreich macht zuerst die Sportakademie. Danach macht er die Ausbildung im alpinen Skilauf, eine Ausbildung in Snowboarden, im nordischen Skilaufen und in den alternativen Schneesportarten. Für die Ausbildung zum Skilehrer muss man unter anderem die Eignungsprüfung erfolgreich abgeschlossen haben.

Reiseleiter

Reiseleiter betreuen bei organisierten Reisen die Reiseteilnehmer. Bei Problemen (zum Beispiel mit der Unterkunft oder der Anreise) stehen Reiseleiter helfend zur Seite. Während Fahrten mit dem Autobus machen sie die Reisenden auf touristische Attraktionen aufmerksam. Für die Ausbildung zum Reiseleiter braucht man vor allem Fremdsprachenkenntnisse.

Hundeführer

Der Hundeführer und sein Vierbeiner müssen gut miteinander auskommen. Der Hundebesitzer muss lernen seinem Hund zu vertrauen, er muss sich auf seine Fähigkeiten verlassen können. Der Hundebesitzer und sein Hund brauchen ein regelmäßiges Training. Außerdem muss der Hundeführer in Erster Hilfe ausgebildet sein, um die gefundene Person versorgen zu können. Auch Kartenlesen und die Orientierung mit Hilfe eines Kompass' muss der Hundeführer beherrschen.

Eventmanager

Ein Veranstaltungsmanager ist dafür verantwortlich, dass ein Event ein unvergessliches Erlebnis wird und alle Beteiligten einen guten Abend haben. Weil selten alles glatt über die Bühne geht, müssen Eventmanager belastbar und flexibel sein. Eine solide Basis ist zum Beispiel der Ausbildungsberuf Veranstaltungskaufmann/-kauffrau.

Noordhoff Uitgevers bv

LERNECKE

Grammatik

1 Voltooid deelwoord van sterke werkwoorden

beginnen	anfangen	**hat** angefangen
bieden	bieten	hat geboten
dragen	tragen	hat getragen
gebeuren	geschehen	ist geschehen
gooien, werpen	werfen	hat geworfen
helpen	helfen	hat geholfen
heten	heißen	hat geheißen
laten	lassen	hat gelassen
lukken	gelingen	ist gelungen
sluiten	schließen	hat geschlossen
spreken	sprechen	hat gesprochen
springen	springen	ist gesprungen
treffen, ontmoeten	treffen	hat getroffen
trekken	ziehen	hat gezogen
vangen	fangen	hat gefangen
verliezen	verlieren	hat verloren
verzoeken	bitten	hat gebeten
vliegen	fliegen	**ist** geflogen
winnen	gewinnen	hat gewonnen
zitten	sitzen	hat gesessen

2 Verleden tijd van *haben*

	haben *(hebben)*	
ik	ich	hatte
jij	du	hattest
hij/zij/het	er/sie/es	hatte
wij	wir	hatten
jullie	ihr	hattet
zij	sie	hatten
u	Sie	hatten
volt. deelwoord	gehabt	

3 Verleden tijd van *sein*

	sein *(zijn)*	
ik	ich	war
jij	du	warst
hij/zij/het	er/sie/es	war
wij	wir	waren
jullie	ihr	wart
zij	sie	waren
u	Sie	waren
volt. deelwoord	gewesen	

© Noordhoff Uitgevers

Wörterlisten

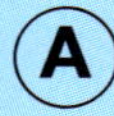

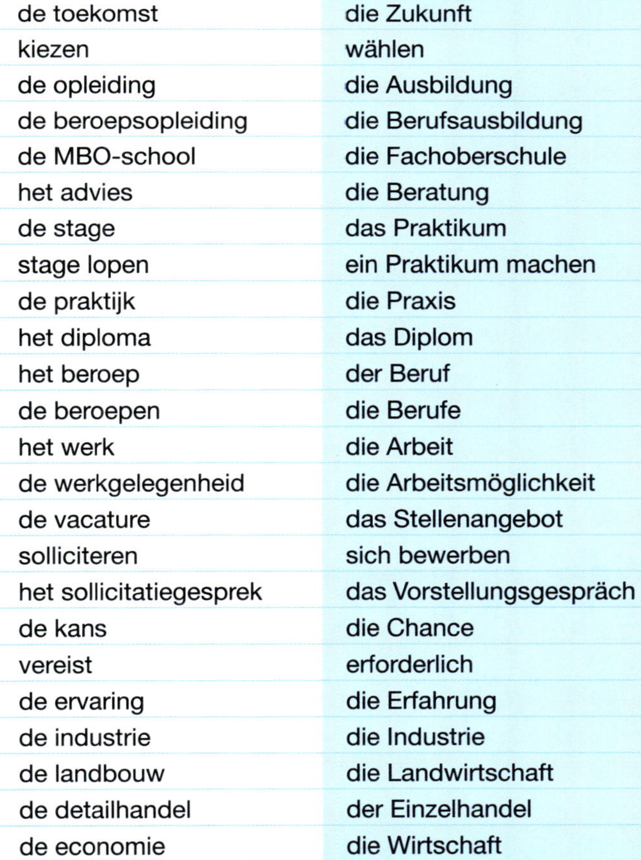

de toekomst	die Zukunft
kiezen	wählen
de opleiding	die Ausbildung
de beroepsopleiding	die Berufsausbildung
de MBO-school	die Fachoberschule
het advies	die Beratung
de stage	das Praktikum
stage lopen	ein Praktikum machen
de praktijk	die Praxis
het diploma	das Diplom
het beroep	der Beruf
de beroepen	die Berufe
het werk	die Arbeit
de werkgelegenheid	die Arbeitsmöglichkeit
de vacature	das Stellenangebot
solliciteren	sich bewerben
het sollicitatiegesprek	das Vorstellungsgespräch
de kans	die Chance
vereist	erforderlich
de ervaring	die Erfahrung
de industrie	die Industrie
de landbouw	die Landwirtschaft
de detailhandel	der Einzelhandel
de economie	die Wirtschaft

de baan	der Job
de werknemer	der Arbeitnehmer
de werkgever	der Arbeitgeber
het kantoor	das Büro
het bedrijf	der Betrieb
de onderneming	das Unternehmen
produceren	produzieren, herstellen
de afdeling	die Abteilung
de chef	der Chef
de collega	der Kollege
de collega's	die Kollegen
het personeel	das Personal
samenwerken	zusammenarbeiten
verantwoordelijk	verantwortlich
de medewerker	der Mitarbeiter
de medewerkers	die Mitarbeiter
de opdracht	der Auftrag
het salaris	das Gehalt
de belasting	die Steuer
het pensioen	die Rente
de vergadering	die Versammlung
de vakbond	die Gewerkschaft
ontslaan	entlassen
werkloos	arbeitslos

Noordhoff Uitgevers bv

LANDESKUNDE

15

Fieberfrost und Fitnessraum

Weet jij dat je van te weinig slaap dik kunt worden? Of dat verliefd worden een mooie manier is om wat kilootjes kwijt te raken? En dat er in Duitsland mensen zijn die in een kuuroord in een bad met bier stappen of hun gezicht laten bedekken met plakjes komkommer? Kortom, allerlei redenen om snel met dit hoofdstuk aan de slag te gaan.
Natuurlijk is ook aandacht voor gezonde voeding en een gezonde leefstijl. Want of je nu in Nederland woont of in Duitsland, gezond leven is in beide landen een belangrijk onderwerp

© Noordhoff Uitgevers

Ein bleifreier Smoothie schmeckt besser!

1

2

3
BIONADE
BIONADE
Holunder
BIONADE
Litschi

4 Da habt ihr mich gut reingelegt

Hannes hatte früher Angst vor dem Zahnarzt. Und wie steht's heute um diese Angst?

Hannes: Guten Tag, Herr Lohmann. Ich bin Hannes, der Freund von Lolle.
Zahnarzt: Mund aufmachen. Danke. Olala, ernsthafte Kieferentzündung, Wurzelentzündung, Zahnstein.
Hannes: Wow! Moment mal. Was wollen sie denn mit der Black&Decker? Bitte, wollen Sie sich meine Zähne nicht erst in Ruhe ansehen?
Zahnarzt: Kann ich es, kann ich es nicht? Das ist die Frage.
Hannes: Wen rufen Sie an? Was ist los?
Zahnarzt: Lolle, Alarmstufe rot, Alarmstufe rot. Komm' sofort runter.
Hannes: Was reden Sie denn? Alarmstufe rot? Was heißt das?
Zahnarzt: Kein Stress. Den Weisheitszahn muss ich sofort entfernen. Ohne Betäubung. Kann ich das? Ja, das kann ich.
Hannes: Ich will weg hier. Jetzt. Ich will meine Mutter anrufen.
Lolle: Hannes, geht's dir nicht gut? Du hast doch keine Angst?
Hannes: Lass' mich in Ruhe, Lolle. Wo ist mein Handy?
Zahnarzt: Reicht es, Lolle? Kann ich jetzt normal meine Arbeit machen?
Lolle: Vielen Dank, Papa. Hat super geklappt. Hannes, hattest du Angst?
Hannes: Ach, so. Da habt ihr mich gut reingelegt.
Ihh! Lolle! Eine ganz große Spiiii. In deinen Haaren!
Lolle: Ahhhhhhhhhhhhhhhhhhhhhh!

5 Im Kneippkurort

© Noordhoff Uitgevers

6 Morgens immer müde – *Laing*

Ich bin morgens immer müde,
aber abends werd' ich wach
Morgens bin ich so solide,
doch am Abend werd' ich schwach.

Wenn der Wecker morgens rasselt,
und der Tag nimmt seinen Lauf.
Ist die Stimmung hier vermasselt,
denn ich steh' so ungern auf.

Doch wenn tausend Lichter glühen,
bin ich jede Nacht ganz groß.
Und wenn dann noch Musik erklingt,
dann geht es los.

Denn:

Ich bin morgens immer müde,
aber abends werd' ich wach,
morgens bin ich so solide,
doch am Abend werd' ich schwach.
so schwach, so schwach.

In der Bar 'Zum flotten Benne',
bin ich außer Rand & Band.
Und mich tanzen 14 Männer,
ohne Mühe an die Wand.

Cha Cha, Swing und Boogie Woogie,
tanz' ich ohne Unterlass.
Schon schreit der ganze Saal,
die ist ja krass.

Denn:

Ich bin morgens immer müde,
aber abends werd' ich wach.
morgens bin ich so solide,
doch am Abend werd' ich schwach.
so schwach, so schwach

2, 3, 4.

morgens, morgens, müde müde
morgens, morgens, müde müde

abends, abends, wach wach
abends, abends wach wach

morgens, morgens, müde müde
morgens, morgens, müde müde

abends, abends, schwach schwach
abends, abends, schwach

Ich bin morgens simmer müde,
aber abends werd' ich wach.
Morgens bin ich so solide,
doch am Abend werd' ich schwach.

so schwach, so schwach

Kein Grund zu gehen es ist erst 0 Uhr 30.
Kein Grund zu gehen es ist erst 1 Uhr 30.
Kein Grund zu gehen es ist erst 2 Uhr 30.
Kein Grund zu gehen es ist erst 3 Uhr 30.
Kein Grund zu gehen es ist erst 4 Uhr 30.
Kein Grund zu gehen es ist erst 5 Uhr 30.
Kein Grund zu gehen es ist erst 6 Uhr 30.

Ich fange gerade erst an.

Noordhoff Uitgevers bv

LESEN

Schlafmangel macht dick

Wer zu wenig schläft, der wird schneller dick. Das wissen Forscher schon länger. Jetzt haben sie eine mögliche Erklärung gefunden, warum das so ist.
Die Forscher erklären sich das so: Damit unser Körper richtig funktioniert, braucht er viel Schlaf. Am besten acht bis neun Stunden pro Tag. Auch Fettzellen brauchen Schlaf. Wenn die Fettzellen nicht ausgeschlafen sind, verbrennen sie nichts.

Wenn man über sechs Jahre immer zu wenig Schlaf bekommen hat, kann es passieren, dass man sogar fünf Kilo zunimmt. Aber weil das so langsam geht, merkt man es nicht so schnell, dass man überhaupt zugenommen hat.

Nach: www.kiraka.de

8

Cola und Wurstsemmel aus den Schulen verbannen?

Soll man Fast Food in Schulen verbieten? 'Nein', meint Walter Ebner, Landesschulratspräsident. 'Also ich bin eher gegen ein direktes Verbot von Fast Food an Schulen. Ich denke, dass das nicht das Problem löst. Hier geht es mehr um die Bewusstseinsbildung von den Schülern und von ihren Eltern. Denn was die Kinder nicht in den Schulen bekommen, kaufen sie sich einfach vor der Schule oder in den Pausen im Supermarkt.'

Nach: www.kleinezeitung.at

Witz

© Noordhoff Uitgevers

10

Verliebt sein ist für den Körper purer Stress

Verliebt sein ist toll! Der Flirt im Strandclub, in der Disko, alles ist schöner, wenn man verliebt ist. Für den Körper ist Verliebtsein aber purer Stress.

Wenn man verliebt ist, schüttet der Körper viel mehr vom Stresshormon Adrenalin aus als normal. Und was passiert dann? Die Knie werden weich, man isst nichts mehr oder viel zu viel, man schläft zu wenig und checkt nervös das Handy für neue Nachrichten. Auch wechseln die Emotionen ständig: Dann ist man fröhlich und redet ohne Unterbrechung, dann ärgert man sich über jede Kleinigkeit. Logisch, dass der Körper nach einer Woche total erschöpft ist.

Schuld daran ist der Stoff Serotonin. In der richtigen Konzentration macht er den Menschen ausgeglichen (*evenwichtig*). Im Blut von Verliebten sinkt der Stoff aber auf ein niedriges (*laag*) Niveau.

Trotz (*ondanks*) all dem Stress: Die Schmetterlinge im Bauch sind es einfach wert, sich zu verlieben.

Nach: www.bild.de

11

Wellnesswelten

Wellness auf der Alm

Gönnen Sie sich eine kurze Auszeit und kommen Sie in unser Alm- & Wellnesshotel 'Alpenhof' in Schönau am Königssee. Das Angebot umfasst: zwei Übernachtungen im Komfort-Doppelzimmer, zweimal Frühstücksbuffet, zweimal Kuchenbuffet mit hausgemachten Kuchen, Nutzung von Alm-Sauna, Schwimmbad und Honigmassage.
3 Tage - 2 Nächte, für € 199,- pro Person

Königlich entspannen

Königlich entspannen können Sie im 'König Ludwig Hotel' in Schwangau. Sie reisen am Samstag an und übernachten im Zimmer Alpenrose oder Schwanensee. Schwitzen *(zweten)* Sie in unseren märchenhaften *(sprookjesachtige)* Saunas oder relaxen Sie im Schwanen-Schwimmbad. Im Preis inklusive ist der Zugang zum Wellness-Bereich, das Allgäuer-Frühstücksbuffet und der Eintritt in das Märchenschloss Neuschwanstein.
4 Tage - 3 Nächte, für € 388,- pro Person

Bierwohlfühl-Wochenende

Sie kommen am Freitag in unserem Bier- und Wohlfühlhotel 'Riedelsbach' in Riedelsbach an. Am Samstag können Sie ein Bierbad genießen. Zu unserem Arrangement gehören auch noch eine Fußverwöhnbehandlung und Massage. Ergänzt mit einem deftigen *(stevig)* 4-Gang-Biermenü.
3 Tage - 2 Nächte, für € 238,- pro Person

Nach: www.wellness.de

Noordhoff Uitgevers bv

SPRECHEN

12 Bizarre Bilder: Beim Arzt

13 Plauderecke A

Je vraagt / zegt	Du fragst / sagst	Du kannst antworten
1. Hoe gaat het met je?	Wie geht es dir?	Es geht mir nicht so gut.
2. Wat is er aan de hand?	Was ist los?	Keine Ahnung, mir ist einfach schlecht.
3. Wat zijn je klachten?	Was sind deine Beschwerden?	Ich habe Kopfschmerzen. Ich muss husten und ich habe Fieber.
4. Heb je al een afspraak bij de dokter?	Hast du schon einen Termin beim Arzt?	Ja, morgen um 9:30 Uhr. Nein, aber ich werde einen Termin vereinbaren.
5. Eet je voldoende fruit en groente?	Isst du genügend Obst und Gemüse?	Ja, jeden Tag 200 g Gemüse, einen Apfel und eine Apfelsine.
6. Neem je vitaminetabletten?	Nimmst du Vitamintabletten?	Nein, die brauch' ich nicht. Meine Mutter will, dass ich die nehme.
7. Doe je aan sport?	Machst du Sport?	Ja, ich spiele Fußball und Tennis. Nein, aber ich fahre mit dem Fahrrad zur Schule.

© Noordhoff Uitgevers bv

14 Flugzeuge in meinem Bauch

Joris besucht seine Oma. Was ist denn los mit ihr?

Joris: Was ist denn los, Oma? Du siehst anders aus. Gut aber anders. Und warum guckst du immer so genervt auf dein Handy?
Oma: Keine Ahnung. Findest du, dass ich gut aussehe, Junge?
Joris: Ja, eigentlich schon. Hast du abgenommen?
Oma: Ich glaube schon.
Joris: Isst du genügend Obst und Gemüse? Und nimmst du deine Vitamintabletten?
Oma: Ja, kein Stress.
Joris: Ich mache mir aber Sorgen. Du bist so anders, so komisch. Papa findet, dass du einen Termin beim Arzt vereinbaren musst.
Oma: Ich denke nicht daran. Was soll ich dem Arzt sagen?
Joris: Was deine Beschwerden sind. Gestern warst du fröhlich, vorgestern hast du geweint, heute bist du unruhig. Und du hast stark abgenommen.
Oma: Stimmt alles. Einfach schrecklich.
Joris: Ach, Oma.
Oma: Ach, Junge. Ich habe Flugzeuge in meinem Bauch. Ich bin verliebt. In meinen Nachbarn. Vor einer Stunde hat er mich im Supermarkt um meine Handynummer gebeten. Ich war so glücklich. Aber er ruft mich nicht an, er schreibt mir keine Nachricht. Was soll ich denn jetzt machen?
Joris: Hahahaha. Meine Oma hat sich verknallt. Toll!

15 Plauderecke B

Je vraagt / zegt	Du fragst / sagst	Du kannst antworten
1. Wat is er met je aan de hand?	Was fehlt dir?	Ich habe Halsschmerzen und meine Muskeln tun weh.
2. Hoe lang heb je deze klachten al?	Wie lange hast du diese Beschwerden schon?	Seit einigen Tagen. Seit etwa einer Woche.
3. Heeft u iets tegen hooikoorts?	Haben Sie etwas gegen Heuschnupfen?	Ja, wir haben Tabletten und Augentropfen.
4. Wat raadt u mij aan?	Was raten Sie mir?	Dich einige Tage ruhig verhalten. Die erste Woche keinen Sport machen.
5. Waar heb je pijn?	Wo hast du Schmerzen?	An meinem rechten Fuß. An meiner linken Hand.
6. Ben je allergisch?	Bist du allergisch?	Das weiß ich eigentlich nicht. Ja, gegen bestimmte Gräserpollen.
7. Heb je pijnstillers gekregen?	Hast du Schmerztabletten bekommen?	Ja, leider helfen sie kaum. Nein, die nehme ich lieber nicht.

Noordhoff Uitgevers bv

SCHREIBEN

16 Blog

Blog  Suche

Eine schreckliche, fiese Motte

Johanna

Heute bin ich richtig böse. Diese Wut muss ich mir von der Seele schreiben. Was ist passiert?

Ich lag heute Abend im Bett und sah eine schreckliche, fiese Motte in meinem Zimmer. Ich hatte Angst. Solche Viecher mag ich nämlich absolut nicht. Sofort habe ich meinem Bruder Joachim eine Nachricht geschrieben und ihn gebeten (*gevraagd*), die Motte zu fangen. Meine Eltern waren im Kino, deswegen musste ich meinen Bruder um Hilfe bitten. Joachim hat mir Folgendes zurückgeschrieben: 'Ich habe Joachim gefangen. Du bist die Nächste. Liebe Grüße, Motte.' Also sowas? Im Ernst?! So was kann er doch nicht schreiben? Ich meine, ich bin noch immer nicht ganz gesund. Ich hatte eine schwere Lungenentzündung. Es war keine kleine, unbedeutende Grippe! Der Arzt und meine Eltern haben mir erzählt, dass ich mich nicht aufregen darf.
Da habe ich mich natürlich wahnsinnig aufgeregt. Ich bin ins Wohnzimmer gegangen. Dort saß mein lieber Bruder mit sechs Freunden. Ich stand da im Schlafanzug. Und alle haben sich über mich kaputt gelacht. Voll gemein!
Eine Stunde lang habe ich mich in meinem Bett unter der Bettdecke versteckt. Ich war so froh, als ich die Stimme von meinem Vater im Flur hörte. Er hat die Motte gefangen. Jetzt kann ich in Ruhe schlafen!

Gute Nacht! Morgen schreibe ich wieder was Schöneres.

Johanna

vor 48 Minuten

 14 Personen gefällt das

17 Schreibecke

Je schrijft	Du schreibst
1. Dat was een slechte grap.	Das war ein schlechter Witz.
2. Ik mag van de dokter nog niet sporten.	Ich darf vom Arzt aus noch keinen Sport machen.
3. Eigenlijk ben je ziek.	Eigentlich bist du krank.
4. Pas goed op jezelf!	Pass gut auf dich auf!
5. Pas je goed op, dat je niet verkouden wordt?	Passt du gut auf, dass du dich nicht erkältest?
6. Slaap je nog steeds zo slecht?	Schläfst du noch immer so schlecht?
7. Ik moet die grap onthouden.	Ich muss mir den Witz merken.
8. Ik verheug me nu al op je volgende blog.	Ich freue mich jetzt schon auf deinen nächsten Blog.

© Noordhoff Uitgevers

18 Gesund in Österreich

Stimmt es, das Jodeln, Skifahren und Alpenmilch gut für die Gesundheit sind? Und das man besser lernt in einem Klassenzimmer aus Holz?

Lernen in der Holzklasse
In der Steiermark in Österreich gibt es eine Hauptschule mit zwei mit Holz eingerichteten Klassenzimmern. Die Schüler in diesen Klassen sind entspannter als die Schüler in normalen Klassenzimmern. Und auch schlafen sie deutlich besser. Das haben Untersuchungen gezeigt. Natürlich hat das einen Effekt auf die Noten von den Schülern.

Alpenmilch
Milch von Kühen, die auf Bergweiden grasen, ist tatsächlich etwas Besonderes. Kühe, die auf der Weide leben, geben auch bessere Milch. Kühe, die viel Gras und Kräuter fressen, geben nämlich Milch, die viel mehr ungesättigte Fettsäuren enthält. Diese Fettsäuren sind sehr wichtig für unsere Ernährung und Gesundheit.

Jodeln in den Bergen
Jodeln macht glücklich und ist gesund. Es gibt viele Jodelkurse, die man besuchen kann. Es ist toll, dass jeder Mensch jodeln lernen kann. Und zusammen jodeln ist einfach super.

Stressfreies Skifahren
Eine Studie von der Universität Salzburg hat gezeigt, dass Skifahren gut für den Körper und den Kopf ist. Nicht nur für junge Leute, sondern auch für ältere Skifahrer (60+). Das Wichtigste ist übrigens, dass Skifahren unheimlich viel Spaß macht.

Noordhoff Uitgevers bv

Grammatik

1 Verleden tijd van *werden*

	werden (*worden*)
ik	ich wurde
jij	du wurdest
hij/zij/het	er/sie/es wurde
wij	wir wurden
julie	ihr wurdet
zij	sie wurden
u	Sie wurden
volt. deelwoord	geworden

2 Voltooid deelwoord van sterke werkwoorden

aanbevelen	empfehlen	hat empfohlen
bewegen	bewegen	hat bewogen
breken	brechen	hat gebrochen
dwingen	zwingen	hat gezwungen
liggen	liegen	hat gelegen
lopen, hardlopen	laufen	**ist** gelaufen
schieten	schießen	hat geschossen
schijnen	scheinen	hat geschienen
slaan	schlagen	hat geschlagen
snijden	schneiden	hat geschnitten
stoten / duwen	stoßen	hat gestoßen
trappen	treten	hat getreten
vallen	fallen	ist gefallen
wassen	waschen	hat gewaschen
zwijgen	schweigen	hat geschwiegen

© Noordhoff Uitgevers

Wörterlisten

het lichaam	der Körper
het hoofd	der Kopf
de hersenen	das Gehirn
het voorhoofd	die Stirn
het oog	das Auge
de ogen	die Augen
het oor	das Ohr
de oren	die Ohren
de mond	der Mund
de tand	der Zahn
de tanden	die Zähne
de tong	die Zunge
de neus	die Nase
de borst	die Brust
de schouder	die Schulter
het hart	das Herz
de buik	der Bauch
de rug	der Rücken
de hand	die Hand
de handen	die Hände
de voet	der Fuß
het bot	der Knochen
de spier	der Muskel
de huid	die Haut
het bloed	das Blut

het leven	das Leben
de gezondheid	die Gesundheit
de ziekte	die Krankheit
de koorts	das Fieber
de verwonding, de blessure	die Verletzung
de wond	die Wunde
de pijn	der Schmerz
de pijnstiller	die Schmerztablette
het recept	das Rezept
het medicijn	das Arzneimittel
de bijwerking	die Nebenwirkung
de bijwerkingen	die Nebenwirkungen
het ziekenhuis	das Krankenhaus
de ziekenauto	der Krankenwagen
de wachtkamer	das Wartezimmer
de uitslag (van een onderzoek)	der Befund
de bloedsomloop	der Kreislauf
de pleister	das Pflaster
besmetten	anstecken
inenten	impfen
verzorgen	pflegen
onderzoeken	untersuchen
weer gezond worden	sich erholen
gehandicapt	behindert
bleek	blass

Noordhoff Uitgevers bv

LANDESKUNDE

Konzertfan und Kinoheld

Is jouw idool zanger in een Nederlandse band, een Duitse sportheld die vaak Formule 1-wedstrijden wint of een actrice die met haar films steeds weet te verrassen? Of is toch iemand anders een voorbeeld voor je, zoals je vader of moeder? Misschien heb je helemaal geen idool?
De laatste jaren is er op de televisie veel aandacht voor talentshows. Op bijna alle tv-zenders is er elke week wel eentje te zien. Daarom lijken er nu veel meer idolen te zijn dan vroeger.
Muziek en film zijn in dit hoofdstuk de onderwerpen. Welk woord uit de titel past het best bij jou: *Konzertfan* of *Kinoheld*?

© Noordhoff Uitgevers

Noordhoff Uitgevers bv

4 Bist du, bist du, bist duuuu

Daniel singt auf der Bühne einen bekannten Song und plötzlich passiert etwas Überraschendes.

Daniel: *Wo ich auch bin, was ich auch tu, ich hab' ein Ziel, und dieses Ziel, bist du, bist du, bist duuuuu!* Agnes, das bist du. Bitte, komm zu mir auf die Bühne!

Agnes: Daniël Es ist so weit. Mein Herz... Es schlägt. Ohhh...

Publikum: Agnes! Agnes! Agnes!

Daniel: *Bist du, bist du, bist duuuuuu*. Liebe Agnes. Du bist immer für mich da, stehst hinter den Kulissen, wenn ich hier in vollem Licht stehe. Ich habe nur einen Wunsch: Willst du...

Agnes: JA. JA. Ich will. Ich will dich heiraten. Ich habe dich lieb. Ich will dich heiraten.

Daniel: Was? Wie? Heiraten? Ich wollte dich bitten, das nächste Lied mit mir zu singen.

Agnes: Uhhhh? Ach so. Ja, war nur ein Witz. Hahahaha. Dich heiraten? Nie! Nie!

Publikum: Hochzeit! Hochzeit! Hochzeit!

Nach dem Konzert

Agnes: Schlimmer geht es nicht.

Daniël: Arme, Mama. Du tust mir so leid.

Agnes: Wie viele Leute haben das gehört? Ich schäme mich so.

Daniel: Agnes! Agnes! Warte. Liebst du mich? Das habe ich nie gewusst.

Agnes: Nein! Nein! Wie kommst du denn darauf? Nein! Überhaupt nicht. Freunde sind wir. Dicke Freunde. Du bist wie ein Bruder. Ihh, nee...

Daniel: Wirklich? Ich hab' dich lieb, Agnes. Ja, ich hab' dich lieb. Willst du mich heiraten?

Agnes: Du spinnst. Hör auf! Nein. Das ist ein Witz, oder?

Daniel: Hahaha. Ja, klar. Komm' Freundin. Wir gehen nach Hause. *Bist du, bist du, bist duuuu!*

5 Filmpark Babelsberg

© Noordhoff Uitgevers

6 Emanuela – *Fettes Brot*

Refrain:
Lass die Finger von Emanuela!
Lass die Finger von Emanuela!

Alle Mädels, alle Jungs sagen 'No!',
Deines Lebens wirst du nicht mehr froh.

Was weißt denn du von Liebe?
Von Liebe weißt du nichts!
Dich ham deine Gefühle mal wieder ausgetrickst.
Du hältst dich für gefährlich,
Doch siehst nicht die Gefahr.
Das hier ist die Geschichte von Emanuela.

Sie ist wie Fieber,
Du willst sie wieder,
Das geht viel tiefer
Als alles andre jemals zuvor.

Eben war's noch kochend heiß,
Und auf einmal wird es kalt wie Trockeneis.

Sie ist unglaublich,
Sie macht dich traurig,
Dein Style hilft auch nicht,
Hau ab, sonst hast du alles verloren!

Alter, bitte glaube uns:
Wie dir ging es hier schon tausend Jungs!

Refrain

Jetzt sitzt du draußen auf der Treppe
Vor ihrem Haus, du kleiner Gangster!
Lässig rauchst du Zigaretten
Und wirfst Steine an ihr Fenster.

Als du sie gesehen hast,
War hier im Viertel Straßenfest.
Es war ihr Anblick, der dich
Seither keine Nacht mehr schlafen lässt.

Emanuela! Emanuela! Emanuela!

What goes on?
Kannst du dir das bitte mal vorstellen?

Emanuela!

Refrain

Ein, zwei, drei Monate nur zuhaus,
Eine Nacht und du gehst mal wieder aus.
Ein Fehler, wer steht da?
Emanuela!
Noch bevor es mit euch beiden angefangen hat,
Macht sie Schluss
Und eure einzige Berührung bleibt ein kurzer
Abschiedskuss.

Er betet und hofft, dass sie ihn erhört.
Er betet und hofft, dass sie ihn erhört.
Er betet und hofft, dass sie ihn erhört.

Was weißt denn du von Liebe?
Von Liebe weißt du nichts!
Dich ham deine Gefühle mal wieder ausgetrickst.
Du hältst dich für gefährlich,
Doch siehst nicht die Gefahr.
Das hier ist die Geschichte von Emanuela.

Refrain

Noordhoff Uitgevers bv

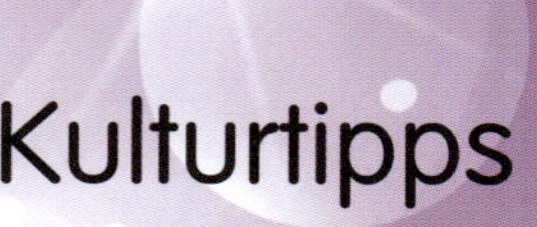

7 Kulturtipps

TV-Tipp: Die beste Klasse Deutschlands

Bei den meisten Talentshows geht es um Singen, Tanzen oder Aussehen. Bei der Schüler-Show 'Die beste Klasse Deutschlands' geht es aber darum, was Kinder wissen: 32 Klassen aus ganz Deutschland machen Wissenstests, antworten auf Quizfragen und führen Experimente durch. Die Gewinner dürfen auf eine Klassenreise nach Barcelona fahren. 'Die beste Klasse Deutschlands' läuft im Fernsehen ab 22. April, und zwar montags bis donnerstags um 19:25 Uhr. Freitags läuft die Sendung um 19:30 Uhr auf Kika, dem Kinderkanal von ARD und ZDF.

Nach: Dein Spiegel, nr. 5/2013

Filmtipp: Hanni & Nanni 3

Ein neuer 'Hanni & Nanni'- Film erscheint. Es ist schon das dritte Kino-Abenteuer von den beiden Schwestern, die in einem Internat wohnen.
Hanni und Nanni sehen exakt gleich aus. Das kann an der Schule für jede Menge Spaß sorgen! Als in dem Internat plötzlich eine Busladung englischer Jungs ankommt, gerät der Alltag an der strengen Schule durcheinander. Als die Zwillinge sich das erste Mal verlieben, wird es kompliziert. Denn die beiden verknallen sich in denselben Jungen, und der weiß oft nicht, welcher Zwilling welcher ist. 'Hanni & Nanni 3' kommt am 9. Mai in die Kinos.

Musiktipp: Anhören

Tilmann Otto ist zur Welt gekommen in Osnabrück. Er nennt sich Gentleman. Er liebt Musik aus Jamaika und ist der erfolgreichste deutsche Reggae-Musiker und sogar in Jamaika bekannt. Sein Album 'New Day Dawn' wurde dort auch aufgenommen. Das hört man, denn alle Songs klingen sehr entspannt nach Sommer und Sonne. Davon kann man in Deutschland nicht genug haben!

8

Nena will nicht nur Vorbild sein

Nena gehört zu den größten Vorbildern von Deutschland. Das haben die Leserinnen der Frauenzeitschrift 'Für Sie' entschieden (*beslist*). Nena ist nicht nur ein berühmtes, deutsches Pop-Idol, sondern auch vierfache Mutter und Doppeloma. Nena steht schon seit 30 Jahren auf der Bühne und sie ist immer noch beliebt bei Alt und Jung. Sie fühlt sich geehrt ein Idol zu sein. Aber sie selbst hat keine Vorbilder oder Idole. Es gibt allerdings viele Menschen, die sie inspirieren. Nena sagt in einem Interview: 'Jeder Mensch hat eine Vorbildfunktion - unabhängig davon, ob er in der Öffentlichkeit steht. Wichtig ist, dass man echt und authentisch ist und ehrlich gegenüber sich selbst und anderen.'

Nach: www.presseportal.de

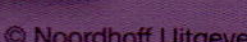
© Noordhoff Uitgevers

10

Online-Casting für den Film *Fack Ju Göhte*

Fack Ju Göhte ist der neue Kinofilm von Regisseur Bora Dagtekin. Der Schauspieler Elyas M'Barek spielt die Hauptrolle. In dem großen Kinoerfolg *Türkisch für Anfänger* arbeiteten Dagtekin und M'Barek auch zusammen. In der Komödie *Fack Ju Göhte* spielt Elyas M'Barek einen Lehrer. Für alle Fans von Elyas M'Barek bietet sich die Gelegenheit, in diesem Film eine Rolle zu bekommen. Auf der offiziellen Website vom Film können Schauspieltalente sich für eine Schülerrolle bewerben. Wer nicht älter als 20 Jahre ist und schon immer auf seinen Moment vor der Kamera gewartet hat, kann sich online noch bis zum 08. April bewerben.

Nach: www.frag-das-kino.com

11

Lena Meyer-Landrut ist die Heulattacke beim 'Echo' peinlich

Die Sängerin Lena hat bei der Echo-Verleihung den Preis für *Best Video National* bekommen. Als die 21-Jährige den Echo bekam, brach sie in einen Heulkrampf aus.
'Dieses Heulen ist mir selbst unangenehm', sagt Lena in einem Interview mit *Radio Energy*. Die sonst so coole Brünette war in dem Moment einfach so überwältigt (*overdonderd*), dass sie nicht anders konnte: 'Ich war so überwältigt, weil ich wirklich nicht damit gerechnet habe und habe total angefangen zu heulen. Ich habe mich so gefreut und dann passiert auch manchmal so was.'

Nach: www.t-online.de

Noordhoff Uitgevers bv

SPRECHEN

12 Bizarre Bilder: Auf einem Festival

13 Plauderecke A

Je vraagt / zegt	Du fragst / sagst	Du kannst antworten
1. Heb je een idool?	Hast du ein Idol?	Ja, mein Idol ist die Sängerin Christina Stürmer. Ja, mein Idol ist der Formel-1-Fahrer Sebastian Vettel. Nein, ich habe kein Idol.
2. Kun je jouw idool beschrijven?	Kannst du dein Idol beschreiben?	Er / Sie hat blonde / schwarze Haare. Er / Sie hat blaue / grüne Augen. Er / Sie ist etwa 1.75 m groß.
3. Waardoor is jouw idool beroemd geworden?	Wodurch ist dein Idol berühmt geworden?	Durch den Song *Nein Mann*. Durch den Film *Fack Ju Göhte*.
4. Uit welk land komt jouw idool?	Aus welchem Land kommt dein Idol?	Er kommt aus den Niederlanden. Er kommt aus den Vereinigten Staaten.
5. Kijk je vaak naar films?	Siehst du dir oft Filme an?	Ja, fast jeden Tag. Etwa einmal pro Woche.
6. Waar zie je films?	Wo schaust du dir Filme an?	Zu Hause, im Fernsehen. Bei Freunden, im Internet. Im Kino.
7. Wat voor films bekijk je het liefst?	Welche Filme schaust du am liebsten?	Abenteuerfilme und Komödien. Thriller und Horrorfilme.

© Noordhoff Uitgevers

14 Unser Star weint aufm Klo

Tom spielt in einer Band und nimmt in einem Monat an einem Bandwettbewerb teil.

Tom: Marianne, gehst du oft auf ein Konzert?
Marianne: Warum fragst du das? Das weißt du doch. Vielleicht zweimal pro Jahr.
Tom: Stimmt. Und wann ist dein nächstes Konzert? Nein, nichts sagen. Ich weiß es. In einem Monat.
Marianne: Tatsächlich? Wer tritt denn auf?
Tom: Viele verschiedene Gruppen. Es ist ein Festival. Deine Lieblingsgruppe tritt auch auf.
Marianne: Ich habe keine Lieblingsband.
Tom: Doch! Hast du. Du wirst sehen. Kommst du mit?
Marianne: Wie fährst du dahin? Mit dem Zug oder mit dem Bus?
Tom: Nein, meine Eltern bringen mich.
Marianne: Deine Eltern? Ich weiß nicht.
Tom: Wieso nicht? Ich bitte dich. Alleine auf ein Konzert gehen ist doof. Keiner aus unserer Klasse fährt hin. Wie soll ich es sagen? Es ist ein Bandwettbewerb. Verstehst du? Band-wett-bewerb!!!!
Marianne: Hmmm. Vielleicht.

Einige Minuten später im Klassenraum…

Marianne: Unser Star weint aufm Klo. Er denkt, dass keiner von uns kommt.
Lehrer: Der Arme. Der wird staunen, wenn er mit seiner Band auf die Bühne kommt.

15 Plauderecke B

Je vraagt / zegt	Du fragst / sagst	Du kannst antworten
1. Ga je vaak naar een concert?	Gehst du oft auf ein Konzert?	Nicht so oft, die Karten sind teuer. Zweimal pro Jahr.
2. Wanneer ga je weer naar een concert?	Wann gehst du wieder auf ein Konzert?	In einem Monat. In drei Wochen.
3. Wie treedt er dan op?	Wer tritt dann auf?	Meine Lieblingsgruppe. Viele verschiedene Gruppen, es ist ein Festival.
4. Hoe ga je naar dit concert?	Wie fährst du zu diesem Konzert?	Meine Eltern bringen mich. Mit dem Zug und dann mit dem Bus.
5. Ga je alleen?	Fährst du alleine?	Nein, ich fahre mit Freunden. Ich fahre mit meinem Bruder. Alleine in ein Konzert gehen ist doof!
6. Heb je een zitplaats?	Hast du einen Sitzplatz?	Nein, natürlich nicht, ich habe einen Stehplatz direkt an der Bühne. Ja, direkt gegenüber der Bühne.
7. Wie heeft de kaartjes betaald?	Wer hat die Tickets bezahlt?	Meine Eltern haben die bezahlt. Meine Oma hat mir die geschenkt. Die habe ich selber bezahlt.

Noordhoff Uitgevers bv

16 Private Nachricht

Suche

Georg

Hallo!

Mein Bruder guckt sich am Samstag den film *Oh Boy* mit einigen Freunden an. Bei ihm in seinem Zimmer. Mich hat er auch eingeladen. Hast du Lust mitzukommen? Dann können wir danach in die Stadt gehen.

Du magst gerne Actionfilme und *Oh Boy* ist keiner. In diesem Film ist so gut wie keine Aktion drin. Er handelt von einem Mann aus Berlin, der nicht weiß, was er mit seinem Leben anfangen soll. Ein Typ wie mein Bruder und seine Freunde!

Mein Bruder hat den Film im Kino gesehen und war damals voll begeistert. 'Das ist ein cooler Film', hat er gesagt. Du kennst ja meinen Bruder. Meistens findet er nichts cool.

Sag' mir Bescheid, wenn du Lust hast. Wenn nicht, auch in Ordnung, dann können wir uns später irgendwo in der Stadt treffen.

Tschüs

Georg

17 Schreibecke

Je schrijft	Du schreibst
1. Daar heb ik zin in.	Darauf habe ich Lust.
2. Ik wil de film ook zien.	Ich will den Film auch sehen.
3. Waar ontmoeten we elkaar?	Wo treffen wir uns?
4. Zullen we met de scooters gaan?	Sollen wir mit den Mofas fahren?
5. Hoe laat moeten we bij je broer zijn?	Wann müssen wir bei deinem Bruder sein?
6. Ik kan zaterdag helaas niet.	Ich kann am Samstag leider nicht.
7. Ik heb al een afspraak.	Ich bin schon verabredet.
8. Ik kan pas vanaf 21.00 uur.	Ich kann erst ab 21:00 Uhr.

© Noordhoff Uitgevers

18 Jugendzeitschriften

Die folgenden Texte handeln von Jugendzeitschriften.

BRAVO
Die *BRAVO* ist die größte Jugendzeitschrift in Deutschland. Sie beinhaltet aktuelle Informationen der Stars aus der Musik- und Fernsehwelt. Aber nicht nur positiv. Die Sängerin Beatrice Egli, zum Beispiel, las in der *BRAVO*, dass sie ihren Freund mit einem anderen Mann betrogen hätte *(zou hebben)*!

Popcorn
Die deutsche Musikzeitschrift *Popcorn* unterscheidet sich nicht wesentlich von *BRAVO*. Auch in der *Popcorn* gibt es Klatschgeschichten über Stars aus der Musik- und Fernsehwelt. Der Unterschied ist, dass *Popcorn* einmal pro Monat erscheint. Die *BRAVO* erscheint wöchentlich.

BRAVO Sport
BRAVO Sport ist ein deutsches Jugendmagazin, das hauptsächlich über Fußball schreibt. *BRAVO Sport* berichtet auch über US-Sport, Formel 1, Handball, Funsport und aktuelle Sportereignisse.

Cool
Das österreichische Jugendmagazin *Cool* erscheint neun Mal pro Jahr. Das Magazin ist kostenlos an Schulen in Österreich zu bekommen. *Cool* schreibt über (inter)nationale Stars und über Modetrends, Tierschutz und Ausbildungen. Die Stories sind meistens positiv formuliert.

LERNECKE

Grammatik

1 Trappen van vergelijking

Hoofdregel

In het Duits krijgt de vergrotende trap –er. De overtreffende trap maak je door voor het woord am te zetten en daarachter sten.

Nederlands	Duits
klein – kleiner – het kleinst	klein – kleiner – am kleinsten
lief – liever – het liefst	lieb – lieber – am liebsten

Opmerking:

Woorden die eindigen op -d, -t of sisklank (s, z, ß) krijgen in de overtreffende trap – **e**sten

Nederlands	Duits		
laat	spät	später	am spätesten
aardig	nett	netter	am nettesten
heet	heiß	heißer	am heißesten

2 De voorzetsels *in*, *nach* en *zu*

in = *in*
na = *nach*
naar = *nach, zu* of *in*

1. in = *in*
Ich bin in Amsterdam.

2. na = *nach*
nach der dritten Stunde

3. naar = *nach*
- naar een land/stad: Ich fahre nach Bern.
- naar links, naar rechts: nach links, nach rechts

4. naar = *zu*
- naar personen Ich gehe zu meinen Freunden, zu Lotte, zum Arzt.
- als iets je doel is Ich gehe zur Apotheke, zum Fest, zur Fete.

5. naar = *in*
in een aantal vaste uitdrukkingen:

Ich gehe ins Museum.
Ich gehe ins Theater.
Ich gehe in die Disko.
Ich gehe ins / in ein Restaurant.
Ich gehe ins Schwimmbad.
Ich gehe ins Stadion.
Ich gehe in die achte Klasse.
Ich gehe ins Kino.
Ich gehe in die Sporthalle.
Ich gehe in die Stadt.
Ich fahre in die Schweiz.

Opmerkingen:

1. thuis = *zu Hause*
Ich bin zu Hause.
Ich bleibe zu Hause.

2. naar huis = *nach Hause*
Ich gehe nach Hause.
Ich komme nach Hause.

© Noordhoff Uitgevers

③ De voorzetsels *vor* en *für*

1. voor = *für*
in de betekenis van 'bestemd voor iets of iemand'.

Tolle Blumen für einen schönen Garten.
Das ist für meine Mutter.

2. voor = *vor*
in alle andere gevallen.

Wir treffen uns vor dem Kino.
Wir sehen uns noch vor dem Wochenende.
Ich habe Angst vor Spinnen.

Wörterlisten

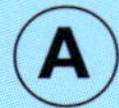

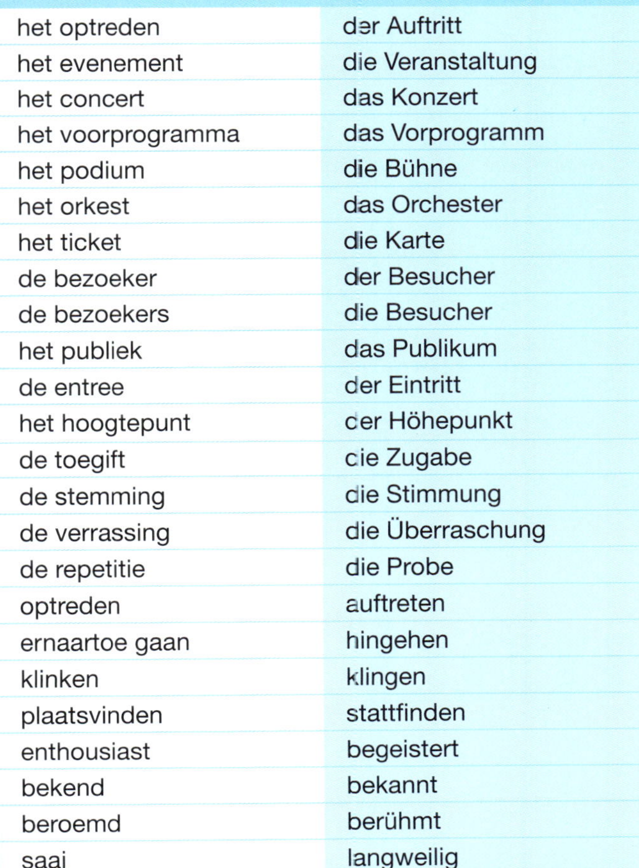

het optreden	der Auftritt
het evenement	die Veranstaltung
het concert	das Konzert
het voorprogramma	das Vorprogramm
het podium	die Bühne
het orkest	das Orchester
het ticket	die Karte
de bezoeker	der Besucher
de bezoekers	die Besucher
het publiek	das Publikum
de entree	der Eintritt
het hoogtepunt	der Höhepunkt
de toegift	die Zugabe
de stemming	die Stimmung
de verrassing	die Überraschung
de repetitie	die Probe
optreden	auftreten
ernaartoe gaan	hingehen
klinken	klingen
plaatsvinden	stattfinden
enthousiast	begeistert
bekend	bekannt
beroemd	berühmt
saai	langweilig

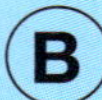

de avonturenfilm	der Abenteuerfilm
de oorlogsfilm	der Kriegsfilm
de lachfilm	die Komödie
de tekenfilm	der Zeichentrickfilm
bekijken	sich anschauen
de acteur	der Darsteller, der Schauspieler
de hoofdrolspeler	der Hauptdarsteller
die actrice	die Darstellerin, die Schauspielerin
de hoofdrol	die Hauptrolle
acteren	spielen
de filmopnames	die Dreharbeiten
de regisseur	der Regisseur
de première	die Premiere, die Erstaufführung
de rode loper	der rote Teppich
de zaal	der Saal
de rij	die Reihe
het bioscoopprogramma	das Kinoprogramm
de filmtips	die Filmtipps
het kopen van een kaartje	der Ticketkauf
reserveren	reservieren
uitverkocht	ausverkauft
de presentator	der Moderator
presenteren	moderieren
nomineren, genomineerd	nominieren, nominiert

Noordhoff Uitgevers bv

LANDESKUNDE

Rucksack und Reiseziel

Met een camper door China, een auto door Australië, een tandem door Turkmenistan of op een lama richting Lima? Mensen met exotische vakantieplannen vind je in Nederland en Duitsland. Op weg in eigen land, ook prima: Duitsers die gaan snorkelen aan de Oostzee of gaan mountainbiken in de omgeving van München en Nederlanders die zonnebaden bij Zandvoort of zwemmen aan de Zeeuwse kust. En thuisblijvers? Zij horen net zo goed bij vakantie: Bernd en Birgit op hun balkon in Bochum en Till en Tanja op een terrasje in Trier. Want of je het nu heel ver weg zoekt, in eigen land of eigen huis: iedereen heeft zo z'n eigen vakantiegevoel.

© Noordhoff Uitgevers bv

1

2
EUROPA PARK
EUROPA PARK

Wir fahren ohne Stau in die Schweiz!
DB

3

SEHEN UND HÖREN

4 Der tollste Urlaub

Herr Tödler denkt, dass dieser Urlaub billig wird. Hat er Recht?

Vater: Guten Tag. Ich habe zwei Zimmer auf Namen von Tödler gebucht.

Rezeptionistin: Mal sehen. Eine Woche, mit Frühstück. Können Sie bitte dieses Formular ausfüllen und hier unterschreiben! Und hier ist das Programm für die Frauenwoche.

Vater: Programm?

Rezeptionistin: Ja, heute gibt es einen Kurs Synchronschwimmen und im Speisesaal können Sie Kuchen backen. Heute Abend kommen eine Nagelstylisten und eine Friseurin und morgen…

Vater: Wie bitte?

Rezeptionistin: Deswegen sind die Zimmer im Angebot. Unser Geschäftshotel hat wenig Gäste im Sommer. Deswegen haben wir spezielle Angebote. Haben Sie das nicht im Internet gesehen? Hier sind ihre Schlüssel. Sie haben Zimmer 207 und 209.

Mutter: Schatz, das ist super! Ich freue mich riesig. Du hast meinen Traumurlaub gebucht.

Lina: Und meinen Traumurlaub. Hier mit dem Programm. Komm' Mama, wir gehen zu unseren Zimmern.

Annika: Und was machen wir diese Woche?

Vater: Biken, Raften, Klettern, Canyoning, Wasserskifahren. Wir machen einen abenteuerlichen Urlaub. Wir kaufen morgen ein Zelt. Wir suchen einen Campingplatz und holen Mama und Lina in einer Woche hier ab.

Annika: Klasse! Aber, Papa. Findest du das nicht schade, dass du jetzt zwei Zimmer bezahlt hast?

Vater: Na klar. Ich wollte einen superbilligen Urlaub. Ich habe nicht richtig geguckt, einfach nur auf den Preis geschaut. Annika, dieser Urlaub wird der Teuerste, den wir je gemacht haben. Aber auch der Tollste. Für jeden von uns. Und das ist mir jetzt das Wichtigste.

5 Hüttenpalast

© Noordhoff Uitgevers b

6 Einmal um die Welt – *Cro*

Refrain:
Baby bitte mach dir nie mehr Sorgen um Geld,
gib mir nur deine Hand ich kauf dir Morgen die Welt.

Egal wohin du willst, wir fliegen um die Welt,
haun' sofort wieder ab, wenn es dir hier nicht gefällt.

Süd, Ost, West oder Nord
hab den Jackpot an Board
will von hier über London
direkt nach New York.

Denn ab heute leb' ich jeden
Tag als ob ich Morgen tot wäre.
Laufe durch den Park und werf'
mit Geld als ob es Brot wäre (YEAH)

Nur noch Kaviar, Champagner oder Champus,
Baby ich erfüll' dir wirklich jeden Wunsch mit Handkuss.
Frühstück in Paris und danach joggen auf Hawaii
und um das ganze noch zu toppen, gehen wir shoppen
in LA.

Also pack dir deine Zahnbürste ein,
denn ab heute bist du mehr als an nur einem
Ort daheim.

Mit meinem Babe in der Hand
und 'nem Safe an der Wand
Können wir tun was wir wollen
und das Leben ist noch lang, also komm..

Refrain

Sie will Kreditkarten
und meine Mietwagen
Sie will Designerschuhe und davon
ganz schön Viel haben
Kein Problem dann kauf' ich halt
für deine Schuhe gleich ein ganzes Schloss

Sie will in Geld baden
und sie will Pelz tragen
und sie will schnell fahren
Einmal um die Welt fahren
Sie kann sich kaufen was sie wollte doch
nie hatte
denn ich hab jetzt die American Express und
zwar die schwarze,
also komm...

Refrain

LESEN

7

Go Jugendreisen: Wassersportcamp

Wer gerne surft oder segelt, ist in unserem Wassersportcamp auf der beliebten deutschen Ostseeinsel Usedom herzlich willkommen. Kleine wie große sportbegeisterte Wasserratten sind hier -1- richtig.

Naturcampingplatz Usedom
Unter den Bäumen auf der Insel Usedom befindet sich der Naturcampingplatz. Ihr schlaft in gemütlichen Gruppenzelten (8 Personen). Die sanitären Anlagen befinden sich in direkter Nähe. Neben Frühstück und einem warmen Abendbrot **-2-** ihr tagsüber einen Lunchpaket. Tee und Wasser könnt ihr kostenlos nehmen. Zum Kennenlernen werden wir **-3-** euch am Lagerfeuer einen Grillabend organisieren.

Action & Abenteuer
-4- auf dem Surfbrett stehen zu bleiben oder das Segel immer im Wind zu haben, solltet ihr eine Menge wissen. Ihr lernt von euren Kursleitern Materialkunde, An- und Ablegen, Knoten *(knopen)*- und Wetterkunde sowie vieles mehr. Zur Abwechslung erkunden *(verkennen)* wir bei einem Landgang die **-5-** oder steigen auch mal ins Kanu um. Wir genießen den wunderschönen Blick aufs Meer. Bei unserer Wassersportolympiade, beim Surfen und vielem Anderen könnt ihr sehen, **-6-** am meisten gelernt hat.

Nightlife
Wenn die Sonne untergeht, chillen wir mit euch am Lagerfeuer. Bei der Diskoparty lernt ihr schnell neue Freunde kennen und ein Grillabend mit Stockbrot steht auch auf unserem Programm.

Das Team von Jugendreisen

Nach: www.gojugendreisen.de

8

Couchsurfing: Die ganze Welt auf deinem Sofa

Bei fast 900 000 Menschen in der ganzen Welt kann man gratis übernachten. Meistens auf einem Sofa, aber manchmal auch in einem Bett im Gästezimmer. Das nennt man Couchsurfing. Viele junge Menschen reisen so um die Welt.

Das Prinzip ist einfach: Man meldet sich im Internet bei dem Netzwerk couchsurfing.com an. Man wählt die Stadt, wohin man reisen möchte und nimmt mit den Gastgebern Kontakt auf. Ist die gewünschte Couch noch frei und der Gastgeber einverstanden, dann darf der Gast auf der Couch schlafen. Das ist kostenlos; das Netzwerk verlangt kein Geld und der Gastgeber auch nicht.

Warum machen Menschen Couchsurfing? Warum will man bei Menschen übernachten, die man noch nie im Leben gesehen hat? Warum will man jemand zu sich nach Hause einladen, den man nicht kennt?
Die Antwort ist einfach: Es geht darum, ein guter Gastgeber oder ein guter Gast zu sein.

Nach: www.meinportal.ch

© Noordhoff Uitgevers

9

Sommerurlaub in der Türkei

Vor dem Besuch
Nächste Woche bin ich beruflich in der Türkei. Dort, wo meine Eltern den Sommer verbringen und meine Schwester, Nichten, Tanten, Onkel und Cousinen leben. Ich habe leider keine Zeit, meine Verwandten dort zu besuchen. Darum wollte ich meiner Mutter nichts über die Reise erzählen. Aber das ging nicht. Ich musste es ihr sagen.
Zehn Minuten nachdem meine Mutter von meiner Reise wusste, kriegte ich von ihr eine Einkaufsliste. Sie hatte die Verwandten in der Türkei verständigt, dass ich sie besuchen werde. Und die Verwandten hatten meiner Mutter berichtet, was ich alles mitbringen sollte.
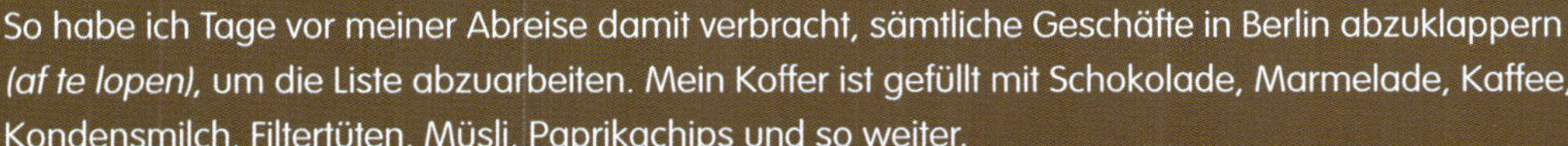
So habe ich Tage vor meiner Abreise damit verbracht, sämtliche Geschäfte in Berlin abzuklappern *(af te lopen)*, um die Liste abzuarbeiten. Mein Koffer ist gefüllt mit Schokolade, Marmelade, Kaffee, Kondensmilch, Filtertüten, Müsli, Paprikachips und so weiter.

Als wir früher in den Sommerurlaub nach Anatolien - in der Türkei - gefahren sind, wurde der Mercedes bis auf den letzten Millimeter gefüllt. Die Geschenke von Verwandten aus Deutschland für Verwandte in der Türkei wurden in Kisten auf dem Dachgepäckträger verstaut. Damals gab es in der Türkei kaum deutsche Marken. Diese Zeiten haben sich längst geändert. Alle Geschenke, die in meinem Koffer drin sind, können meine Verwandten heute auch in der Türkei kaufen.

Nach dem Besuch
Ich hatte nur einen Nachmittag Zeit um meine Verwandten zu besuchen. Das war viel zu kurz. Als ich mich verabschiedete, war ich den Tränen nah. Zu Hause habe ich sofort einen Sommerurlaub in einem schönen Hotel an der Türkischen Riviera gebucht. Ich weiß aber jetzt schon, dass ich viele Nächte bei meiner Cousine in Anatolien übernachten werde.

Nach: www.tagesspiegel.de

Noordhoff Uitgevers bv

SPRECHEN

11 Bizarre Bilder: Am Strand

12 Plauderecke A

Je vraagt / zegt	Du fragst / sagst	Du kannst antworten
1. Ga je deze zomer op vakantie?	Fährst du diesen Sommer in Urlaub?	Ja, Ende Juli fahre ich nach Spanien. Wahrscheinlich nicht, meine Oma ist krank.
2. Met wie ga je op vakantie?	Mit wem fährst du in Urlaub?	Mit meinen Eltern und meinem Bruder. Mit meinen Eltern und Verwandten.
3. Waar gaan jullie naartoe?	Wohin fahrt ihr?	Wir fahren an den Strand / an die Nordsee. Wir fahren in die Berge / in die Schweiz. Wir fahren in die Türkei / nach Marokko.
4. Hoe lang blijf je daar?	Wie lange bleibst du dort?	Etwa drei Wochen. Zweieinhalb Wochen.
5. Overnacht je in een hotel?	Übernachtest du in einem Hotel?	Nein, in einer Jugendherberge. Nein, auf einem Campingplatz.
6. Hoe vind je kamperen?	Wie findest du Zelten?	Super, in einem Zelt schlafen finde ich toll. Doof, ich übernachte lieber in einem Hotel.
7. Hoe ga je het liefst op vakantie?	Wie fährst du am liebsten in Urlaub?	Mit dem Zug. Mit dem Auto und Wohnwagen.

© Noordhoff Uitgevers

13 Ich mag in Urlaub fahren und ich mag dich

Lisette und Christian haben Vorstellungen von Urlaub…

Lisette: Wenn du in Urlaub fährst, was magst du: die Berge oder das Meer?
Christan: Schwimmen ist mein Ding, also das Meer.
Lisette: Mag ich auch. Aber ich mag auch Wandern. Ich liebe die Berge. Und was machst du in deinem Urlaub am liebsten?
Christian: Faulenzen und in der Sonne liegen. Ich will meine Ruhe haben.
Lisette: Ich will gerne ausgehen und andere Jugendliche kennenlernen. Und was isst du, wenn du in einem anderen Land bist? Zum Beispiel in Spanien?
Christian: Ich esse immer Pommes, Bratwurst und Salat.
Lisette: Ich esse, was die Spanier essen. Also in Spanien Paella. Haben deine Eltern schon eine Ferienwohnung gemietet?
Christian: Ja, in der Schweiz, in den Bergen mit toller Aussicht. Aber ich weiß noch nicht, ob ich mitfahre.
Lisette: Warum fahren wir nicht zusammen in Urlaub?
Christian: Na ja! Weil wir nicht denselben Urlaub mögen.
Lisette: Ist doch egal. Ich mag in Urlaub fahren und ich mag dich. Also wohin du willst, ich komme gerne mit.
Christian: O.K. Strand, Sonne, Jugendherberge. Was sagst du dazu?
Lisette: Super. Ich sage Griechenland.
Christian: Da gibt es Steaks, Pommes und Salat. Einverstanden!
Lisette: Und ich esse dein Tsatsiki.

14 Plauderecke B

Je vraagt / zegt	Du fragst / sagst	Du kannst antworten
1. Wat doe je in je vakantie het liefst?	Was machst du in deinem Urlaub am liebsten?	Faulenzen und die Sonne genießen. Ich möchte andere Jugendliche kennenlernen.
2. Wat eet je als je in Spanje bent?	Was isst du, wenn du in Spanien bist?	Dann esse ich, was die Spanier essen! Pommes, Bratwurst und Salat.
3. Hebben jullie een vakantiehuisje gehuurd?	Habt ihr eine Ferienwohnung gemietet?	Ja, in den Bergen, mit toller Aussicht. Ja, auf dem Land, da ist es ruhig.
4. Waar houd je van: van de bergen of van de zee?	Was magst du: die Berge oder das Meer?	Ich mag Wandern, die Berge also. Schwimmen ist mein Ding, also das Meer.
5. Ben je blij als je weer thuis bent?	Freust du dich, wenn du wieder zu Hause bist?	Wenn das Wetter zu Hause gut ist, ja! Ja, dann sehe ich meine Freunde wieder.
6. Wat bevalt je in de vakantie niet zo goed?	Was gefällt dir in den Ferien nicht so gut?	Dass ich die Leute nicht verstehe. Dass ich ein Museum besuchen muss!
7. Wat vind je in een vakantie belangrijk?	Was ist dir im Urlaub wichtig?	Dass das Wetter gut ist. Dass ich nur nette Leute treffe!

Noordhoff Uitgevers bv

SCHREIBEN

15 Private Nachricht

  Suche

Armin

Tanja

Liebe Mama!

Wie geht's dir? Ich habe schon zwei Tage nichts mehr von dir gehört. Ich habe dich auch angerufen. Hast du das gesehen?

Natürlich habe ich die Fotos von dir und Armin van Buuren gesehen. Ich wusste gar nicht, dass du ihn kennst. Wie und wo hast du ihn kennengelernt? Vielleicht in einem Klub? Warst du wirklich bei einer Show von ihm? Hast du dort die Fotos gemacht? Mama, ich bitte dich. Ruf' mich an! Du kannst dir bestimmt vorstellen, wie neugierig und eifersüchtig ich bin ;-).

Papa habe ich die Bilder natürlich nicht gezeigt. Er fragt mich jeden Tag, ob ich noch was von dir gehört habe und ob du eine Nachricht auf Facebook gepostet hast. Du musst dich wieder bei ihm melden. Er macht sich wahnsinnig Sorgen. Armer Papa! Quäl' ihn doch nicht so!

Also Mama, ich hoffe, ganz schnell von dir zu hören. Du fehlst mir (und Papa auch!).

Kuss
Tanja

16 Schreibecke

Je schrijft	Du schreibst
1. Mijn lieve dochter!	Meine liebe Tochter!
2. Ik heb het hier leuk.	Ich amüsiere mich hier.
3. Ibiza is een … eiland.	Ibiza ist eine … Insel.
4. We hebben een groot appartement met uitzicht op zee.	Wir haben ein großes Appartement mit Meeresblick.
5. Volgend jaar ga je met me mee naar Ibiza.	Nächstes Jahr kommst du mit nach Ibiza.
6. Ik heb hem op een terrasje ontmoet.	Ich bin ihm auf einer Terrasse begegnet.
7. We hebben foto's gemaakt.	Wir haben Fotos gemacht.

© Noordhoff Uitgevers

17 Außergewöhnliche Übernachtungen

Übernachten in einem Gefängnis, einem Iglu-Dorf oder einem Kanalrohr? Oder verbringst du die Nacht lieber in einem luxuriösen Hotel?

Hier dürfen keine Kriminellen übernachten
Das Alcatraz Hotel in Kaiserslautern in Deutschland war früher ein Gefängnis. Die Zimmer haben Zellentüren und die Räume sind genauso klein wie die Zellen damals. Nur das neue Mobiliar und der Holzfußboden verraten, dass es sich um ein Hotelzimmer handelt.

Schlafen wie die Eskimos
Die coolste Art eine Nacht in Deutschland zu verbringen, ist sicherlich eine Übernachtung im Iglu-Dorf auf der Zugspitze. Bis zu 20 Iglus erwarten die Urlauber auf dem höchsten Berg von Deutschland. Geschlafen wird im Schlafsack auf einer Isomatte. Kalt kann es dann natürlich werden!

Das teuerste Hotelzimmer in der Welt
50.000 Euro pro Nacht kostet die Royal Penthouse Suite im Hotel 'President Wilson' in Genf in der Schweiz. Es hat 12 Schlafzimmer, zwei Speisezimmer, einen Privataufzug, ein Klavier, einen Billardtisch, einen Fitnessraum und im Badezimmer einen Whirlpool und eine Regenwalddusche. Ein persönlicher Assistent, Koch und Butler kümmern sich um die Reichen der Erde.

Übernachtung im Kanalrohr
Dasparkhotel in Linz in Österreich ist ein Kanalrohr *(rioolbuis)*. Es hat eine Länge von 2,6 Metern und einen Durchmesser von 2 Metern. Und eine weitere Besonderheit: Jeder Gast bezahlt so viel, wie er möchte!

LERNECKE

Grammatik

1 Trappen van vergelijking

a Sommige woorden krijgen een *Umlaut*. Bij de meeste van deze woorden gaat het om tegenstellingen.

Nederlands	Duits		
jong	jung	jünger	am jüngsten
oud	alt	älter	am ältesten
koud	kalt	kälter	am kältesten
warm	warm	wärmer	am wärmsten
lang	lang	länger	am längsten
kort	kurz	kürzer	am kürzesten
slim	klug	klüger	am klügsten
dom	dumm	dümmer	am dümmsten
sterk	stark	stärker	am stärksten
zwak	schwach	schwächer	am schwächsten

Opmerking:
'alt', 'kalt' en 'kurz' krijgen dus een *Umlaut* **en** een extra 'e'.

b Onregelmatig zijn:

Nederlands	Duits		
groot	groß	größer	am größten
goed	gut	besser	am besten
veel	viel	mehr	am meisten
graag	gern	lieber	am liebsten
hoog	hoch	höher	am höchsten

Und jetzt ein fliegender Start Richtung Hauptschulabschluss!

© Noordhoff Uitgevers

Wörterlisten

de vakantie	der Urlaub
een reis plannen	eine Reise planen
het reisbureau	das Reisebüro
de boeking	die Buchung
het seizoen	die Saison
de vakantiebestemming	das Reiseziel
het buitenland	das Ausland
de reisgids	der Reiseführer
het vertrek	die Abfahrt
de aankomst	die Ankunft
het verblijf	der Aufenthalt
de camping	der Campingplatz
de caravan	der Wohnwagen
de tent	das Zelt
kamperen	zelten
de jeugdherberg	die Jugendherberge
de overnachting	die Übernachtung
de tweepersoonskamer	das Doppelzimmer
de eenpersoonskamer	das Einzelzimmer
reserveren	reservieren
de bagage	das Gepäck
de VVV	das Fremdenverkehrsamt
het uitstapje	der Ausflug
de folder	der Prospekt
de plattegrond	der Stadtplan

de vakantie	die Ferien
die busreis	die Busreise
de groepsreis	die Gruppenreise
de heen-en terugweg	der Hin-und Rückweg
de terugkeer	die Rückkehr
het identiteitsbewijs	der Ausweis
het paspoort	der Reisepass
de rugzak	der Rucksack
de toilettas	der Kulturbeutel
het vliegveld	der Flughafen
de vlucht	der Flug
de bezienswaardigheid	die Sehenswürdigkeit
de borgsom	die Kaution
annuleren	stornieren
bekijken	ansehen
wandelen	spazieren
zich ontspannen	sich entspannen, sich erholen
uitrusten	ausruhen
teruggaan	zurückgehen
onderweg	unterwegs
liften	per Anhalter fahren
huren	mieten
lenen	leihen

18

PROJEKT

Grüezi aus der Schweiz

© Noordhoff Uitgevers b

Nu is het tijd voor iets anders! Duits wordt niet alleen in Duitsland en Oostenrijk gesproken, maar ook in andere landen in Europa, zoals Liechtenstein en Zwitserland! Dat laatste land is onder andere bekend geworden door *Käsefondue*, koekoeksklokken, horloges en chocolade. Maar daarmee vertellen we je waarschijnlijk niets nieuws.
Maar wist je al dat Zürich de duurste stad van de wereld is, dat je in de stad Davos in het donker kunt schaatsen en skiën en dat James Bond en Zwitserland een bijzondere relatie hebben?

Noordhoff Uitgevers bv

2 Nationalfeiertag

Die Amerikaner haben den 4. Juli, die Franzosen den 14. Juli und die Schweizer den 1. August. An diesen Tagen wird der Nationalfeiertag gefeiert. In der Schweiz wird er 1891 eingeführt, 600 Jahre nach der Entstehung der Eidgenossenschaft.

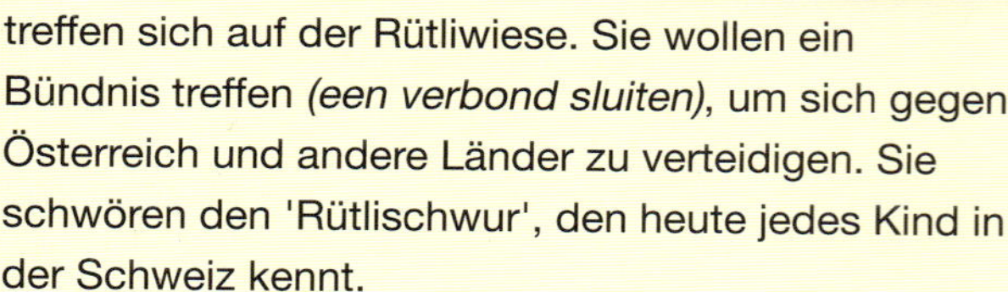

1291: Drei Männer aus Uri, Schwyz und Unterwalden treffen sich auf der Rütliwiese. Sie wollen ein Bündnis treffen *(een verbond sluiten)*, um sich gegen Österreich und andere Länder zu verteidigen. Sie schwören den 'Rütlischwur', den heute jedes Kind in der Schweiz kennt.

Der 1. August war lange Zeit ein normaler Arbeitstag. Seit 1994 haben alle Schweizer an diesem Tag frei. Viele Menschen schmücken am 1. August ihr Haus mit der Schweizer Flagge. In den Städten und Dörfern finden am Nachmittag oder abends Feiern statt. Kinder und Erwachsene freuen sich an diesem Tag vor allem über die Feuerwerke und Höhenfeuer.

Nach: www.swissworld.org / www.tell.ch

3 Die kleinste Bar der Welt

'Die kleinste Whisky-Bar in der Welt? Die steht in St. Maria in der Schweiz.' So sagt es das Guinness-Buch der Rekorde. Am Tag der Eröffnung - im Dezember 2006 - hielten sich bis zu 32 Personen gleichzeitig in der Bar auf. Und das auf einer Fläche von nur 8,53 Quadratmetern! Seit 2013 besteht das Angebot aus mehr als 200 verschiedenen Sorten Whisky. Seit 2009 befindet sich neben der Bar ein kleines Whiskeymuseum.

Nach: www.graubuenden.ch

4 Wintersport bei Nacht

In Davos ist es auch im Dunklen möglich, sich auf Pisten oder Eisbahnen zu vergnügen. Diverse Lichtanlagen ermöglichen Sport und Spaß bis spät in den Abend. Eine Übersicht:

Nacht-Skifahren
Davos-Parsenn
Dezember bis Mitte März:
jeden Freitag, 19:00 bis 23:00 Uhr
Abendkarte:
Kinder CHF 10,-
Jugendliche CHF 16,-
Erwachsene CHF 22,-

Nacht-Eislauf Eisbahnen
Davos–Natureisbahn
Mitte Dezember bis
Ende Februar:
jeden Montag und Donnerstag
19:30 bis 22:00 Uhr
Gratis für alle

Natürlich gibt es in Davos auch Après-Ski. Nach einem sportlichen Tag oder Abend auf der Piste kann das Tanzen in den Bars beginnen!

Nach: www.davos.ch

5 Der Glacier Express

Der Glacier Express ist eine weltberühmte Bahn. Der langsamste Schnellzug in der Welt fährt zwischen St. Moritz / Davos und Zermatt. Das dauert rund acht Stunden, sowohl im Winter wie im Sommer. Es ist eine Reise durch Berglandschaften, Kurorte, Schluchten, Täler, durch 91 Tunnel und über 291 Brücken. Natürlich kann man in diesem Zug auch etwas essen oder trinken. Es wird sogar ein 3-Gang-Menü serviert.

Nach: www.glacierexpress.de

6 Höchste Hängebrücke

Seit Ende 2012 gibt es in der Zentralschweiz eine besondere Sehenswürdigkeit: die höchste Hängebrücke in Europa. Sie liegt auf dem Berg Titlis, auf 3041 Metern Höhe. Die Brücke führt auf einer 100 Meter langen Strecke über einen Abgrund. Links und rechts befinden sich Stahlseile. Der Blick in den Abgrund ist 500 Meter! Man kann kostenlos über diese Brücke gehen, aber nur wenn gutes Wetter ist. Bei schlechtem Wetter ist die Brücke geschlossen.

Nach: www.t-online.de

Noordhoff Uitgevers bv

ERDKUNDE

7 Die Schweiz mal kurz und knapp

Land: die Schweiz

Hauptstadt: Bern

Einwohnerzahl: rund 8.000.000

Währung: Schweizer Franken
Staatsform: Bundesrepublik
Kfz.-Kennzeichen: CH

Religion:
- Katholizismus: 46%
- Protestantismus: 40%
- Sonstiges: 14%

Sprachen: Deutsch, Französisch, Italienisch, Rätoromanisch

8 Schweizer Pyramide

Die größte Pyramide der Welt steht nicht in Ägypten sondern in den Schweizer Alpen. Es ist das 4478 Meter hohe Matterhorn. Durch seine Form hat dieser Berg den Spitznamen 'Schweizer Pyramide'. Für die Schweiz ist das Matterhorn das Wahrzeichen *(de belangrijkste bezienswaardigheid)*. Das Matterhorn ist die meist fotografierte Touristenattraktion. 1865 wurde dieser Berg bei einer Expedition zum ersten Mal bestiegen.

Nach: Das grosse Buch der Schweizer Rekorde

9 Das Klima

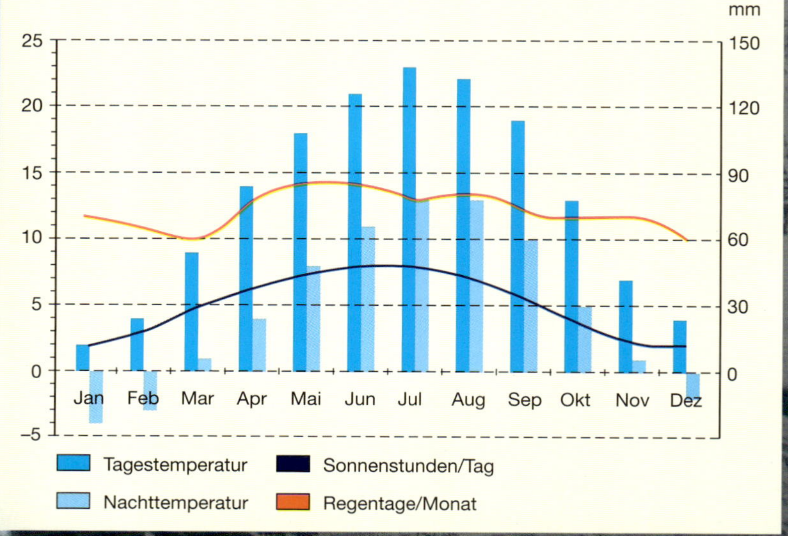

© Noordhoff Uitgevers

10 Zürich

Zürich hat 400.000 Einwohner und ist die größte Stadt in der Schweiz. Pro Quadratkilometer wohnen hier mehr als 4.000 Menschen! Die Stadt besteht aus zwölf Kreisen *(districten)*. In Zürich befinden sich der größte Bahnhof in der Schweiz und ein großer Flughafen.

Shoppen
Zürich ist die teuerste Stadt in der Welt, noch teurer als London oder New York. In Zürich wird viel Geld verdient und viel Geld ausgegeben. In der Bahnhofstraße gibt es exklusive, teure Geschäfte. Leute, die an Klamotten nicht so viel Geld ausgeben wollen, shoppen in Kreis 4. Kreis 5 ist im Moment 'the place to be'. In diesem Teil von Zürich befinden sich coole Bars, Lounge-Clubs und Diskotheken. Natürlich treffen sich hier viele junge Leute.

Plan Lumière
Die Innenstadt von Zürich ist wirklich schön, vor allem auch abends. Dann sind viele Sehenswürdigkeiten beleuchtet. Die Stadt sieht dann total anders aus als tagsüber. 'Plan Lumière' hat Zürich nicht nur schöner gemacht. Er hat auch dazu beigetragen, dass Einwohner von Zürich und Touristen sich abends sicherer fühlen.

Schwimmen
Schwimmen kann man im Zürichsee. Hier kann man auch Wassersport machen. Abends geht's hier los mit DJs und wird getanzt. Manchmal gibt es auch Modenshows.
In Zürich befinden sich 25 Schwimmbäder (Sommerbäder und Hallenbäder). Ein besonderes Schwimmbad ist das 'Frauenbad Stadthausquai'. Tagsüber dürfen hier nur Frauen schwimmen! Dieses Schwimmbad hat auch eine Bar: die Barfußbar … für Frauen und Männer. Am Eingang muss man seine Schuhe abgeben. Daher der Name: Barfußbar!

Cinema am Zürichsee
Seit mehr als 25 Jahren befindet sich im Sommer am Ufer vom Zürichsee ein Openair-Kino, das OrangeCinema. Hier ist Platz für rund 1.700 Personen. Das OrangeCinema ist etwa sechs Wochen pro Jahr geöffnet, von Mitte Juli bis Ende August. Die Leinwand ist fast 25 Meter breit und beinahe 14 Meter hoch.

ABENTEUER SCHWEIZ

11 Schienenvelofahren

Beim Schienenvelofahren sind Sport, Spiel und Spaß dabei. Die Reise startet in der Gemeinde Laupen und führt über 4,5 km stillgelegte Eisenbahnstrecke bis zum Wendepunkt in Wittenberg. Die Fahrzeit für die Hin- und Rückfahrt ist höchstens eine Stunde. Die Geschwindigkeit beträgt ca. 12-15 km/h. In Wittenberg gibt es eine Pause: Dann wird gegrillt und kann man mit einem Blasrohr oder Bogen schießen.

Treffpunkt

- Beim Schienenvelodepot, Bahnweg 1 in Laupen; Parkplätze sind vorhanden.
- Mit öffentlichen Verkehrsmitteln bis Bahnhof Laupen, danach 5 Minuten zu Fuß.

Anzahl Schienenvelos

Mehr als zehn Schienenvelos mit je vier Sitzplätzen.

Öffnungszeiten

Der Betrieb ist das ganze Jahr geöffnet. Sobald Schnee auf den Gleisen liegt, ist die Fahrt nicht möglich. Es gibt nur Fahrten bei Tageslicht

Nach: www.schienenvelo.ch

12 Ein Indoorseilpark in Grindelwald

Der größte Indoorseilpark von Europa liegt in einem kleinen Dorf in der Schweiz, in Grindelwald (3800 Einwohner). Für Jung und Alt ist dieser Park der Hammer.
Alle Seilparkgäste werden für ihren Besuch mit dem richtigen Material ausgerüstet. Danach erzählen Mitarbeiter vom Park, wie man das Material richtig benutzt. Alle Gäste müssen nach dieser Instruktion. noch eine Einverständniserklärung unterschreiben. Und dann geht es los!

Nach: www.indoorseilpark.ch

© Noordhoff Uitgevers

13 Schlittenhunde im Sommer

Eine Tour mit Schlittenhunden, im Sommer, im Grünen, das ist ein besonderes Erlebnis! Vor einem vierrädrigen Wagen rennen bis zu vier Hunden. Mitarbeiter zeigen, wie man mit den Hunden umgehen muss und erklären, wie der Wagen sicher gelenkt werden muss. Auch bekommen die Teilnehmer einen 'Hundeführerschein'. Darauf stehen die wichtigsten Kommandos für die Hunde.

Folgende Sachen sind mitzubringen:

 wetterfeste Kleidung

 eventuell Kappe und Handschuhe

 Sonnenbrille und Sonnenschutz

 feste Schuhe, die guten Halt geben

Organisatorisches

Inbegriffen:	Hundegespann für die ganze Tour, Kaffee / Tee mit Guezli *(koekjes)*
Kosten:	bis zwei Personen pauschal CHF 422,-jede zusätzliche Person CHF 211,-
Daten:	nach Vereinbarung – an allen Wochentagen möglich
Dauer:	ca. 3 Stunden
Gruppengröße:	2 bis 8 Personen

Die Teilnehmer sind für ihre eigene Versicherung verantwortlich.

Nach: www.ausflugsziele.ch / www. hyskystuff.ch

Noordhoff Uitgevers bv

14 DJ Bobo

DJ BoBo ist ein erfolgreicher Popmusiker, Musikproduzent, Tänzer, Komponist und Sänger. Er wird 1968 in der Schweiz mit dem Namen Peter René Baumann geboren. Er ist Bäcker- und Konditorgeselle, entdeckt aber früh seine Begeisterung für Musik. Seinen Künstlernamen leiht er sich von einer Comicfigur.
DJ BoBo veröffentlicht 1989 seine Debütsingle 'I Love You', sein Debütalbum 'Dance With Me' erscheint 1993. Ein Highlight in seiner Karriere sind fünf Auftritte im Vorprogramm von Michael Jackson im Jahr 1996.

DJ Bobo nimmt im Jahr 2007 für die Schweiz am Eurovision Song Contest im finnischen Helsinki teil. Viele Alben von DJ Bobo erreichen sehr hohe Plätze in den Charts in der Schweiz, unter anderem auch das Album 'My life is a circus' (2014).

Nach: www.fanlexikon.de

15 Street Parade in Zürich

Die 'Street Parade' ist die größte Techno-Party der Welt. Seit 1992 wird sie jedes Jahr in der Stadt Zürich organisiert, meistens am zweiten Samstag in August. Seit 1998 gibt es jährlich ein Motto auf Englisch: *Let the sun shine* (2003, es waren 37 Grad!), *Friendship* (2008) und *Dance for freedom* (2013). Zwischen 2000 und 2010 gab es dreimal eine Million Besucher.

Über die Street Parade von 2013 berichten eine Teilnehmerin, ein Sanitäter und ein Polizist.

'Es war einfach super. An der Street Parade haben 950.000 Personen teilgenommen. Das Wetter war herrlich, 25 Grad, angenehm also. Um 23:00 Uhr gab es noch eine Lasershow. Für mich der Höhepunkt!'

'Die Route war 2,5 km lang. Insgesamt gab es acht Sanitätsposten. Wir mussten 55 Personen wegen Bienen- und Wespenstiche behandeln. Das finde ich unglaublich viel. Auch brauchten 261 Personen unsere Hilfe, weil sie zu viel getrunken hatten oder zu viel Drogen genommen hatten!'

'Leider mussten wir 17 Personen zur Polizeiwache bringen. Dort konnten sie wieder nüchtern werden, denn sie hatten einfach viel zu viel getrunken.'

Nach: www. srf.ch

© Noordhoff Uitgevers

16 Ewige Liäbi – *MASH*

nimm mich i arm und drück mich fescht a dich
und la mi nüme los
ich tanke mich grad a dir uf, was eifach so guet tuet
ich ha di gärn, ich bruche dich
ja ich bi süchtig nach dir
doch garantiere chan ich dir, keini gä
dases für immer so wird si

Refrain:
ewigi liäbi, das wünsch ich dir
ewigi liäbi, das wünsch ich mir
ewigi liäbi, nume für üs zwöi
ewigi liäbi, füehl mich bi dir dehei

säg nid für immer, und säg nid nie
ich gibe alles für dich uf
di blick het igschlage i mis härz
hesch mich zum gränne bracht
tropfe vo däm stromstoss, wo so guet tuet
würdi alles mache, alles gä, alles für dich tue
ich la dich nüme los

Refrain

ich weiss, liäbi chunnt und gaht
wine cherze schmelzt sie wäg
ja wines lied, hört sie eifach uf
oder sie haut eifach ab
niemer seit, es sigi liecht
es isch es einzigs gäh und näh
sgit kei verlürer oder gwünner,
i däm würfelspiil

Refrain

ewigi liäbi, ewigi liäbi, ewigi liäbi, ewigi liäbi
ewigi liäbi, ewigi liäbi, ewigi liäbi

MISCHMASCH

17 007 in der Schweiz

Der britische Autor Ian Fleming schrieb Bücher über den Geheimagenten 007: James Bond. Aus diesen Büchern wurden später oft Filme. Was hat James Bond mit der Schweiz zu tun?

Wusstest du
- dass James Bonds Mutter eine Bergsteigerin aus der Schweiz war?
- dass zahlreiche James Bond-Filme zum Teil in der Schweiz gedreht wurden?
  - In der Anfangsszene aus dem Film 'Golden Eye' springt James Bond von einem berühmten Staudamm – Lago di Vogorno – herunter;
  - Der Film 'On Her Majesty's Secret Service' spielt zum Teil in einem Restaurant auf dem Berg 'Schilthorn';
  - Der Film 'Goldfinger' spielt unter anderem am Furkapass.
- dass das erste Bondgirl – Ursula Andress – aus der Schweiz kam?

Im Jahre 2001 wurde der Bikini, den sie in dem Film 'James Bond jagt Dr. No' trug, für mehr als € 40.000 versteigert *(geveild)*.

18 Meringuen

Rezept für 4 Personen (Größe nach Belieben)

Zutaten:
4 Eiweiß
200 g Zucker

Zubereitung:
Die Eier trennen. Das Eiweiß steif schlagen. Die Hälfte des Zuckers beigeben, weiter schlagen, bis die Masse glänzt. Restlichen Zucker zufügen, nur kurz weiter schlagen.
Ofen vorheizen auf 100°C. Das Backblech mit Backpapier belegen.
Die Masse aus Eiweiß und Zucker mit einem Spritzsack oder einem Löffel auf das Backblech spritzen. Bilde Meringuen, die wie Wolken aussehen.
Bei 100°C rund 1¾ Stunden backen; danach im leicht geöffneten Ofen auskühlen und trocknen lassen.

© Noordhoff Uitgevers

19 Der Designer Julian Zigerli

Zigerli ist in der Schweiz geboren. Er hat aber in Berlin Modedesign studiert. Nachdem er sein Studium beendet hat, kehrt er 2010 zurück nach Zürich. Hier gründet er sein Männerlabel JULIAN ZIGERLI.
Seit seiner ersten Kollektion ist Julian Zigerli national und international erfolgreich. Seine Kollektionen präsentiert er unter anderem in Zürich, Berlin, Paris, London,
New York und Seoul.
Julian Zigerli wird 2011 für den Designpreis Schweiz nominiert und gewinnt 2012 den Swiss Design Award.

Nach: berlin.mbfashionweek.com

20 Schokolade

Es ist erstaunlich, dass es die Schweizer sind, die mit ihrer Schokolade so erfolgreich sind.
Die Rohstoffe für Schokolade - wie Kakao und Zucker – müssen sie ja aus dem Ausland einführen mussten. Die 'feste Schokolade' entsteht in Italien. Sie wird auf Jahrmärkten als 'cioccolatieri' verkauft. Der Schweizer François-Luis Cailler lernt in Italien, wie er Schokolade herstellen *(produceren)* muss. 1819 eröffnet er in der Schweiz eine Schokolade-Manufaktur *(bedrijf). So* so entsteht die älteste Schokoladenmarke in der Schweiz.
Viele andere Firmen folgen, von unter anderem Daniel Peter (er hat die Milchschokolade erfunden), Rodolphe Lindt und Jean Tobler (von der Marke 'Toblerone').
Auch die Marke 'Milka' kommt aus der Schweiz.

Nach: www.chocosuisse.ch / www.laederachprofessional.com

21 Zwei berühmte Schweizer

Name:	**Federer**
Vorname:	Roger
Geboren:	1981
Geburtsort:	Basel
Beruf:	Tennisspieler
Familienstand:	verheiratet, zwei Kinder
Erfolge:	17 Siege in Grand-Slam Turnieren

Name:	**Saner**
Vorname:	Julia
Geboren:	1992
Geburtsort:	Bern
Beruf:	Modell, Studentin
Erfolge:	gewann 2009 das Weltfinale von 'Elite Model Look'; arbeitete für Gucci und Chanel

Anhang

Noordhoff Uitgevers bv

LEERSTOF OVERZICHT

Thema	Kapitel 10 verkeer	Kapitel 11 uitgaan / vriendschap	Kapitel 12 winter(sport)	Kapitel 13 social media
Landeskunde	*Segways in Berlin* *Unter der Linden* *Verkehrsmuseum* helmplicht voor fietsers *Verkehr in Österreich*	*Hackescher Markt* *Millenium City* *Waldbühne* *Wohin gehen wir in Wien?*	*Olympishe Jugend-Winterspiele* *Sauerland* *Après-Ski* *Die besten Ski-Apps*	*Computerspielemuseum* *Conrad Zuse* *Swatch* *Geschichte der Kommunikation*
Sehen und Hören	datende opa interview scholieren verkeersinformatie omroepberichten stations gesprek in de bus de weg uitgelegd krijgen in de rij op het station Trabisafari lied: *Mambo*	naar de bioscoop gesprek over verliefdheid in ziekenhuis voicemailbericht Bibi wordt 18 interview over vriendschap Hackesche Höfe lied: *Die da*	schoolreis naar Oostenrijk radioreclame het leven van een skileraar ruzie in skihut interview over vakantie weerbericht Bei den Eisbären lied: *Der erste Winter*	Eric Cartman op Facebook vader in paniek gesprek winkel online daten gesprek klantenservice radioprogramma Museum für Kommunikation lied: *Irgendwas bleibt*
Lesen	tekst *Alkoholverbot* tekst *Schülerticket wird nicht bezahlt* grap tekst *Elch auf Autobahn bei Berlin* advertentie *Die Ampelmännchen*	tekst *Mit 74 Jahren in die Disko* tekst *Freunde. Die zweite Familie* grap tekst *Das sagen Schüler über Freundschaft* twee advertenties tekst *Zwillinge*	tekst *Schlieri, der `König der Lüfte`* flyer wintersport grap tekst *Retter in der Not!* tekst *Joggen im Winter* tekst *Skiurlaub*	advertentie tekst *Sieben wochen ohne Facebook* grap tekst 10 *Risiken im Umgang mit Social Media* tekst Was ist der österreichischen Jugend wichtig? examentraining: Im Vorgarten von Thessa
Sprechen	*bizarre Bilder:* in de stad de weg vragen gesprek over reizen de weg uitleggen	*bizarre Bilder*: uitgaan praten over uitgaan praten over je vriend / vriendin	*bizarre Bilder*: op de piste praten over skiën en skiartikelen gesprek op de piste praten over je verblijf	*bizarre Bilder*: in het computerlokaal praten over telefoon en computer praten over social media
Schreiben	persoonlijk bericht: afspreken met iemand	persoonlijk bericht: reactie aan een vriend schrijven	persoonlijk bericht: over je vakantie	persoonlijk bericht: reactie aan een vriend
Grammatik	Herhaling *haben, sein* en *werden* regelmatige werkwoorden werkwoorden met stam op -d, -t, -s, -z, -ß *dürfen, können, mögen, müssen, wissen* en *wollen*	Herhaling *die, der* en *das* *ein* of *eine* voorzetsels met 4e naamval Nieuw pers. vnw. in 1e en 4e naamval	Herhaling pers. vnw., volt. dw. en getallen Nieuw ontleden (1e en 4e naamval) het volt. dw.: vormen zonder 'ge'	Herhaling 1e en 4e naamval volt. dw. Nieuw 1e en 4e naamval bij (k) ein / (k)eine en bij bez. vnw. volt. dw. van sterke werkwoorden (1)
Portfolio	Reclameposter - A2	Concertkaartje ontwerpen - A2	Programma wintersportvakantie - A2	Auditie *Deutschland sucht den Superstar* - A1

© Noordhoff Uitgevers

Kapitel 14 opleiding en beroep	Kapitel 15 gezondheid	Kapitel 16 muziek en film	Kapitel 17 reizen	Kapitel 18 Zwitserland
Berufsschule *Haus aus dem Kopf* *Die beliebtesten Berufe* *An die Arbeit in Österreich*	*Viktualienmarkt* *Kurorte* *Bionade* *Gesund in Österreich*	*Freiluftkinos* *Popfestival Melt!* *Türkisch für Anfänger* *Boulevardpresse*	*Kölner Dom* *Europapark* *Deutsche im Urlaub* *Außergewöhnliche Übernachtungen*	'paspoort' Zwitserland, nationale feestdag, talen, klimaat, hoogste berg, Zürich, beroemde Zwitsers
Rolf zoekt werk beroepskeuze Goldina, nagelstyliste getallen schoolradio sollicitatiegesprek voorbereiden beroepsbeurs Berlin Story lied: *Bruttosozialprodukt*	bij de tandarts verstopt in de badkamer artsenpraktijk Doris mankeert (n)iets gesprek verzekering reclame geneesmiddelen Im Kneippkurort lied: *Morgens immer müde*	op het podium fan-artikelen op eBay ontmoeting met een idool bij de opname van een show meedoen aan een talentenwedstrijd interviews met jongeren Filmpark Babelsberg lied: *Emanuela*	in een hotel telefoongesprek met de VVV naar Ibiza vakantieplannen vakantie-activiteit Hans en Grietje anders Hüttenpalast lied: *Einmal um die Welt*	lied: *Ewige Liäbi*
tekst *Außergewöhnli che Berufe* grafiek grap tekst *Hightech auf Rädern* advertentie examentraining: *Schulcafé Chilli*	tekst *Schlafmangel macht dick* tekst *Cola und Wurstsemmel aus den Schulen verbannen?* grap tekst *Verliebt sein ist für den Körper purer Stress* advertentie examentraining: *Schnelles Essen*	tekst *Kulturtipps* tekst *Nena will nicht nur Vorbild sein* grap tekst *Online-Casting für den Film Fack Ju Göhte* tekst *Lena Meyer-Landrut ist die Heulattacke beim 'Echo' peinlich* examentraining: *Ich war ein Wunderkind*	tekst *Go Jugendreisen: Wassersportcamp* tekst *Sommerurlaub in der Türkei* grap tekst *Couchsurfing: Die ganze Welt auf deinem Sofa* examentraining: *Der Wecker klingelt*	teksten: *Die kleinste Bar der Welt, Wintersport bei Nacht, Der Glacier-Express, Höchste Hängebrücke, Ein Indoorseilpark in Grindelwald, Schienenvelofahren, Schlittenhunde im Sommer, DJ Bobo, Streetparade in Zürich, 007 in der Schweiz, Meringuen, Der Designer Julian Zigerli, Schokolade*
bizarre Bilder: op kantoor praten over je (vervolg) opleiding vertellen waar je goed in ben populairste beroep in de klas	*bizarre Bilder*: bij de huisarts vertellen hoe het gaat vertellen wat je mankeert	*bizarre Bilder*: bij een festival vertellen over concerten vertellen over idolen en film	*bizarre Bilder*: op het strand vertellen over vakantie (vervoer, activiteiten, onderkomen)	
persoonlijk bericht: schrijven over je vervolgopleiding	persoonlijk bericht: schrijven hoe het nu met je gaat	persoonlijk bericht: schrijven over een afspraak om een film te bekijken	persoonlijk bericht: schrijven over een ontmoeting tijdens een vakantie	
Herhaling volt. dw. Nieuw volt. dw. van sterke werkwoorden (2) verleden tijd van *haben* verleden tijd van *sein*	Herhaling verleden tijd van *haben* verleden tijd van *sein* Nieuw verleden tijd van *werden* volt. dw. van sterke werkwoorden (3)	Herhaling volt. dw. van sterke werkwoorden (1 t/m 3) Nieuw trappen van vergelijking (1) gebruik *zu*, *nach*, *in*	Herhaling gebruik *zu*, *nach*, *in* werkwoorden 1e en 4e naamval Nieuw: trappen van vergelijking (2)	
Foto beschrijven van je droombaan - A2	(On)gezonde dag beschrijven - A1/A2	Jij als idool - A2	Een reis organiseren - A2	

A Woorden leren

Lees de woorden uit de woordenlijst hardop. Dan hoor, lees en spreek je tegelijkertijd. Dat helpt je bij het leren.

Als je denkt dat je de woorden kent, bedek dan de Duitse woorden. Schrijf de vertaling van de Nederlandse woorden op en controleer jezelf. Wat je niet goed had, schrijf je op een blad papier. Deze woorden oefen je later nog een keer.

Leer woorden altijd in groepjes van tien woorden. Je onthoudt woorden het beste als je ze vaak herhaalt. Het is het beste voor een woordjesoverhoring twee dagen van tevoren te beginnen met leren. Leer dan op beide dagen twee keer een kwartier (bijvoorbeeld 1x 's middags en 1x 's avonds). Dat is beter dan de avond ervoor een uur woordjes te 'stampen'!

Er zijn veel manieren om woorden te leren. Als je moeite hebt om woorden te leren, dan is het belangrijk om *actief* te leren. Dat wil zeggen dat je de woorden opschrijft.
Je kunt bijvoorbeeld briefjes maken met op de voorkant het Nederlandse woord en op de achterkant het Duitse.

- Maak eerst vier briefjes met de eerste vier (Nederlandse en Duitse!) woorden uit de woordenlijst.
- Overhoor jezelf: Pak het eerste briefje en lees het Nederlandse woord. Schrijf op een oefenblaadje de Duitse betekenis.
- Controleer met de achterkant van het eerste briefje, of je het Duitse woord goed hebt geschreven.
- Nee? Leg het briefje links. Ja? Leg het briefje rechts.
- Als alle briefjes rechts liggen, maak je vier nieuwe briefjes met de volgende woorden uit de woordenlijst.
- Overhoor jezelf weer op de hierboven beschreven manier. Herhaal ook de woorden die je al eerder hebt geleerd.

B De *Plauderecke* leren

Lees de zinnen van de *Plauderecke* hardop.
Controleer of je alle Duitse zinnen uit de middelste kolom in het Nederlands kunt vertalen.
Doe dit door de Nederlandse zinnen te bedekken met een papiertje.

Verdeel de *Plauderecke* in groepjes van twee vragen met antwoorden.
Leer de eerste twee zinnen. Je moet de Nederlandse zin in het Duits kunnen vertalen en in het Duits antwoord kunnen geven.
Ga dan verder met de volgende twee zinnen. Doe dit net zolang, tot je alle zinnen geleerd hebt.
Als je een antwoord niet precies weet, dan kun je ook een ander antwoord geven. Het gaat erom dat je in een gesprek antwoord kunt geven op de vraag!

© Noordhoff Uitgevers

C Lezen

1 Open vragen beantwoorden

Het allerbelangrijkste bij het beantwoorden van open vragen is dat je de vraag goed leest. Als je niet weet wat er precies gevraagd wordt, kun je ook nooit het juiste antwoord geven. Als de vraag is: 'Hoeveel tips worden er gegeven?' dan moet je een getal opschrijven en niet al die tips zelf! Goed lezen dus!

2 Open vragen beantwoorden

Als de vraag in het Nederlands gesteld is, moet je hem ook in het Nederlands beantwoorden. Een Duitse zin als antwoord letterlijk uit de tekst overnemen is dus niet goed, ook al geeft die zin het antwoord op de vraag.

3 Meerkeuzevragen beantwoorden

Meerkeuzevragen lijken misschien makkelijker dan open vragen (het juiste antwoord staat er al bij), maar pas op! Vaak zorgen de verschillende antwoordmogelijkheden voor verwarring! Je kunt het beste eerst alleen de *vraag* lezen (en nog niet de mogelijke antwoorden). Daarna lees je het stuk tekst dat bij de vraag hoort nog een keer goed door; je probeert zelf het antwoord op die vraag te vinden. Dan pas kijk je bij de antwoordmogelijkheden. Kies het antwoord dat het meeste lijkt op het antwoord dat je al had gevonden. Je eerste idee is meestal het beste!

D Luisteren

1 Meerkeuzevragen beantwoorden

Tegelijk lezen en luisteren is lastig. Gebruik daarom de pauzes tussen de luisterfragmenten en lees daarin de volgende vraag en de antwoorden. Onderstreep de kern van de antwoorden. Dan hoef je je tijdens het luisteren alleen op de onderstreepte woorden te concentreren. Kies aan het einde van het fragment meteen een antwoord (je eerste ingeving is vaak juist!). Gebruik de pauze die volgt voor het lezen van de antwoorden bij de volgende vraag!

2 Piep! Hoe gaat de zin verder?

Bij luisteropdrachten waarbij je zinnen moet afmaken, sluit het antwoord aan op wat je eerder gehoord hebt. Het is daarom belangrijk om je goed te concentreren. De truc bij het vinden van het juiste antwoord is dat je vooraf het verschil tussen antwoord A en antwoord B goed ziet. A en B zijn vaak precies het tegenovergestelde van elkaar!

3 Concentratie

Hoe voorkom je dat je tijdens het luisteren afdwaalt en hele stukken mist? Zorg ervoor dat je niet afgeleid wordt door allerlei dingen, bijvoorbeeld de inhoud van je etui of door iets wat in je agenda staat. Ga er goed voor zitten en probeer je te ontspannen. Doe tijdens het luisteren je ogen dicht of staar naar een vast punt in het lokaal of op je tafel.

4 Als je niet alles begrijpt

Het is heel normaal dat je niet alles verstaat! Raak dus niet in paniek als je woorden hoort die je niet kent! Blijf rustig luisteren en concentreer je op woorden die je wél herkent. Vaak is dat voldoende om de grote lijn te volgen en de vraag te beantwoorden!

© Noordhoff Uitgevers bv

 Luisteren kun je oefenen

Luisteren kun je trainen! Hoe meer Duitstalige tv-programma's en films je bekijkt, hoe meer je went aan de taal en hoe makkelijker je die gaat verstaan. Internet biedt veel mogelijkheden om leuke tv-programma's te bekijken. Op de websites van de Duitse tv-zenders ARD, ZDF en RTL kun je afleveringen van soaps, dierenprogramma's, shows, actieseries, sportprogramma's en muziekprogramma's bekijken. Je klikt dan op *Sendung verpasst* of *Alle Sendungen A-Z.* Begin met programma's die je echt interesseren, die volg je gemakkelijker. Als je regelmatig een kwartier tot een half uurtje Duitse tv kijkt, zul je merken dat je luistervaardigheid snel verbetert!

E Schrijven

 Controleer de tekst

Als je een e-mail (of briefje) hebt geschreven, controleer dan
- of de werkwoordsvormen kloppen (gebruik daarvoor het grammatica-overzicht in het **>Textbuch, S. 50**);
- of je alle woorden goed hebt gespeld (controleer dat met behulp van de woordenlijsten of het woordenboek);
- of je de zelfstandige naamwoorden met een hoofdletter hebt geschreven.

2 Schrijf eenvoudig

Maak korte zinnen en gebruik woorden die je kent. Als je lange, moeilijke zinnen maakt, is de kans groot dat je heel veel fouten maakt. En dat moet je voorkomen!

3 Houd het kort

Geef alleen de informatie die in de opdracht genoemd wordt. Als je ook nog gaat schrijven over andere dingen, dan is de kans groot dat je meer fouten gaat maken.

4 Onbekende woorden

Als je niet weet wat een Nederlands woord in het Duits is, kijk dan eerst in de woordenlijsten. Kun je het daarin niet vinden, gebruik dan een woordenboek. Ga het Nederlandse woord niet 'verduitsen'. Maak dus geen nieuw woord dat de Duitsers zelf nog niet kennen (bijvoorbeeld *Unterbruch* voor 'onderbroek').

F Spreken

 Fouten maken is niet erg

Durf Duits te praten! Het is helemaal niet erg als je fouten maakt. Van je fouten leer je en als je nooit fouten maakt, leer je er dus ook niks bij! Hoe vaker je Duits praat en hoe meer je durft te zeggen, hoe sneller je spreekvaardigheid verbetert.

2 Een mini-spreekbeurt voorbereiden

- Schrijf één sleutelwoord op.
- Denk na, wat je over dit sleutelwoord wilt zeggen en hoe je dat wilt zeggen.
- Bedenk daarna meer sleutelwoorden bij je spreekbeurt.
- Denk ook hier weer na, wat je over ieder woord wilt zeggen en hoe je dat wilt zeggen.

© Noordhoff Uitgevers bv

3 Tips voor het maken van een goede powerpointpresentatie

- Bedenk eerst een goede indeling voor je presentatie. Wat wil je op welke pagina bespreken? Geef elke pagina een duidelijke kop of titel.
- Kies een lettertype dat goed leesbaar is en kies een rustige achtergrond. Foto's mogen knallen, maar kies liever één grote foto die van het scherm afspat dan een rommelig beeld met kleine foto's!
- Zie de presentatie als een spiekbrief voor jezelf waarmee je je verhaal gaat vertellen.

4 Met *bitte* klinkt het netter

De Duitsers gebruiken in vragen heel vaak het woord *bitte* (alstublieft / alsjeblieft). Het staat beleefd en geeft je meer kans dat je op je vraag een positief antwoord krijgt!

Noordhoff Uitgevers bv

GRAMMATICA OVERZICHT

© Noordhoff Uitgevers

A Werkwoorden

1 Haben

	Tegenwoordige tijd **haben** (*hebben*)	Verleden tijd
ik	ich habe	ich hatte
jij	du hast	du hattest
hij/zij/het	er/sie/es hat	er/sie/es hatte
wij	wir haben	wir hatten
jullie	ihr habt	ihr hattet
zij	sie haben	sie hatten
u	sie haben	sie hatten

volt. deelwoord: gehabt

2 Sein

	Tegenwoordige tijd **sein** (*zijn*)	Verleden tijd
ik	ich bin	ich war
jij	du bist	du warst
hij/zij/het	er/sie/es ist	er/sie/es war
wij	wir sind	wir waren
jullie	ihr seid	ihr wart
zij	sie sind	sie waren
u	Sie sind	Sie waren

volt. deelwoord: geworden

Regel voor de tegenwoordige tijd:

1. Zoek eerst de stam van het werkwoord door *-en* van het hele werkwoord af te halen. Van *machen* is de stam dus *mach-*.
2. Achter de stam komen vaste uitgangen die altijd bij dezelfde persoon horen. Zo hoort bij *ich* een -e achter de stam: *ich mach-e*.
3. Het voltooid deelwoord maak je met de volgende regel: ge- + stam + -t.
   Voorbeelden:
   ge-mach-**t**
   ge-spiel-**t**

3 Werden

	Tegenwoordige tijd **werden** (*worden, zullen*)	Verleden tijd (*worden*)
ik	ich werde	ich wurde
jij	du wirst	du wurdest
hij/zij/het	er/sie/es wird	er/sie/es wurde
wij	wir werden	wir wurden
jullie	ihr werdet	ihr wurdet
zij	sie werden	sie wurden
u	Sie werden	Sie wurden

volt. deelwoord: geworden

4 Overige werkwoorden in de tegenwoordige tijd

doen		**machen**
ik	doe	ich mach-**e**
jij	doet	du mach-**st**
hij/zij/het	doet	er/sie/es mach-**t**
wij	doen	wir mach-**en**
jullie	doen	ihr mach-**t**
zij	doen	sie mach-**en**
u	doet	Sie mach-**en**

volt. deelwoord: **ge**mach**t**

Regel voor het voltooid deelwoord:

Het voltooid deelwoord gaat als volgt: **ge**-stam-**t**
Ich habe **ge**-mach-**t**./ Er hat **ge**-spiel-**t**.

Opmerkingen:

1. Alle werkwoorden die eindigen op 'ieren' krijgen in het voltooid deelwoord géén 'ge': reservieren – ich habe reserviert; studieren – er hat studiert; fotografieren – wir haben fotografiert.
2. werkwoorden die beginnen met 'be', 'ver' of 'er' krijgen in het voltooid deelwoord ook géén 'ge': bestellen – ich habe bestellt; vergessen – er hat vergessen; erzählen – du hast erzahlt.

5 Werkwoorden met stam eindigend op -d of -t

antwoorden		**antworten**		*praten*		**reden**	
ik	antwoord	ich	antwort-e	ik	praat	ich	red-e
jij	antwoordt	du	antwort-**e**st	jij	praat	du	red-**e**st
hij/zij/het	antwoordt	er/sie/es	antwort-**et**	hij/zij/het	praat	er/sie/es	red-**et**
wij	antwoorden	wir	antwort-en	wij	praten	wir	red-en
jullie	antwoorden	ihr	antwort-**et**	jullie	praten	ihr	red-**et**
zij	antwoorden	sie	antwort-en	zij	praten	sie	red-en
u	antwoordt	Sie	antwort-en	u	praat	Sie	red-en
volt. deelwoord:		ge-antwort-**et**		**volt. deelwoord:**		ge-red-**et**	

Regel voor de tegenwoordige tijd:
Bij werkwoorden waarvan de **stam op een -d of een -t** eindigt (antwor**t**-en, re**d**-en) krijgen de vormen van *du, er/sie/es, ihr* en het voltooid deelwoord een extra **e** in de uitgang.

6 Werkwoorden met stam eindigend op -s, -z of -ß

dansen		**tanzen**					
ik	dans	ich	tanz-e	wij	dansen	wir	tanz-en
du	danst	du	tanz-**t**	jullie	dansen	ihr	tanz-t
hij/zij/het	danst	er/sie/es	tanz-t	zij	dansen	sie	tanz-en
				u	danst	Sie	tanz-en
				volt. deelwoord:			ge-tanz-t

Regel voor de tegenwoordige tijd:
Bij werkwoorden waarvan de **stam eindigt op een -s, - ß of -z** komt bij de du-vorm een -t achter de stam: du reis**t**, du heiß**t**, du sitz**t**.

7 Modale werkwoorden en *wissen*

dürfen *(mogen, toestemming hebben)*	**können** *(kunnen, in staat zijn tot)*	**mögen** *(houden van, lusten)*	**müssen** *(moeten, noodzaak)*	**wissen** *(weten)*	**wollen** *(willen)*	**sollen** *(moeten, bevel)*
ich darf	ich kann	ich mag	ich muss	ich weiß	ich will	ich soll
du darfst	du kannst	du magst	du musst	du weißt	du willst	du sollst
er/sie/es darf	er/sie/es kann	er/sie/es mag	er/sie/es muss	er/sie/es weiß	er/sie/es will	er/sie/es soll
wir dürfen	wir können	wir mögen	wir müssen	wir wissen	wir wollen	wir sollen
ihr dürft	ihr könnt	ihr mögt	ihr müsst	ihr wisst	ihr wollt	ihr sollt
sie dürfen	sie können	sie mögen	sie müssen	sie wissen	sie wollen	sie sollen
Sie dürfen	Sie können	Sie mögen	Sie müssen	Sie wissen	Sie wollen	Sie sollen
gedurft	gekonnt	gemocht	gemusst	gewusst	gewollt	gesollt

© Noordhoff Uitgevers bv

1. Bij *ich* en bij *er/sie/es* hebben deze werkwoorden geen uitgang.
2. Bij *mögen* hoort nog een andere betekenis: zou (graag) willen. Hier worden andere vormen gebruikt:

zou graag willen			**möchten**						
ik	zou	graag willen	ich	möch-te	wij	zouden	graag willen	wir	möch-ten
jij	zou	graag willen	du	möch-test	jullie	zouden	graag willen	ihr	möch-tet
hij/zij/het	zou	graag willen	er/sie/es	möch-te	zij	zouden	graag willen	sie	möch-ten
					u	zou	graag willen	Sie	möch-ten

8 Lijst van veel voorkomende sterke werkwoorden

aanbevelen	empfehlen	ha**t** empfohlen	helpen	helfen	hat geholfen
beginnen	anfangen	hat angefangen	heten	heißen	hat geheißen
bewegen	bewegen	hat bewogen	houden, stoppen	halten	hat gehalten
bieden	bieten	hat geboten	komen	kommen	ist gekommen
blijven	bleiben	ist geblieben	laten	lassen	hat gelassen
breken	brechen	hat gebrochen	lezen	lesen	hat gelesen
doen	tun	hat getan	liggen	liegen	hat gelegen
dragen	tragen	hat getragen	lopen, hardlopen	laufen	**ist** gelaufen
drinken	trinken	hat getrunken	lukken	gelingen	ist gelungen
dwingen	zwingen	hat gezwungen	nemen	nehmen	hat genommen
eten	essen	hat gegessen	ontmoeten, treffen	treffen	hat getroffen
gaan	gehen	ist gegangen			
gebeuren	geschehen	ist geschehen	roepen	rufen	hat gerufen
geven	geben	hat gegeben	schieten	schießen	hat geschossen
gooien, werpen	werfen	hat geworfen	schijnen	scheinen	hat geschienen

schrijven	schreiben	hat geschrieben	varen, rijden	fahren	ist gefahren
slaan	schlagen	hat geschlagen	vergeten	vergessen	**hat** vergessen
slapen	schlafen	hat geschlafen	verliezen	verlieren	hat verloren
sluiten	schließen	hat geschlossen	verzoeken	bitten	hat gebeten
snijden	schneiden	hat geschnitten	vinden	finden	hat gefunden
spreken	sprechen	hat gesprochen	vliegen	fliegen	**bin** geflogen
springen	springen	bin gesprungen	wassen	waschen	hat gewaschen
staan	stehen	hat gestanden	winnen	gewinnen	hat gewonnen
stoten, duwen	stoßen	hat gestoßen	zien	sehen	hat gesehen
trappen	treten	hat getreten	zingen	singen	hat gesungen
trekken	ziehen	hat gezogen	zitten	sitzen	hat gesessen
vallen	fallen	ist gefallen	zwemmen	schwimmen	**ist** geschwommen
vangen	fangen	hat gefangen	zwijgen	schweigen	hat geschwiegen

© Noordhoff Uitgevers bv

B Zelfstandige naamwoorden

9 Het zelfstandig naamwoord

Der, die of *das* vertaal je met 'de' of 'het'.

mannelijk	vrouwelijk	onzijdig	meervoud
der Mann	die Frau	das Kind	die Kinder

Regels om de Duitse lidwoorden te onthouden:

Mannelijk zijn:
- Alle woorden die biologisch mannelijk zijn: *der* Mann, *der* Stier.

Vrouwelijk zijn:
- Alle woorden die biologisch vrouwelijk zijn: *die* Frau, *die* Kuh.
- Zaaknamen die eindigen op een -e.
  de roos *die* Rose
  de lamp *die* Lampe

Onzijdig zijn:
- De meeste woorden waarvan het lidwoord in het Nederlands 'het' is.
  het schaap *das* Schaf
  het kantoor *das* Büro

C Naamvallen

10 Ontleden

Om de naamval te bepalen moet een zin worden ontleed. Dat gebeurt in een bepaalde volgorde, nl.: eerst het onderwerp (= 1ᵉ naamval), en *daarna* het lijdend voorwerp (= 4ᵉ naamval) .

Voorbeeldzin voor het vervolg van de uitleg:

Der Mann kauft einen Trabi.

1ᵉ naamval
De 1ᵉ naamval wordt gebruikt, als een zinsdeel het *onderwerp* is. Hoe vind je het onderwerp?
- Zoek eerst het gezegde (dat zijn alle werkwoordsvormen in een zin): 'kauft'.
- Stel daarna de vraag: 'Wie / wat + gezegde'?:
  'Wie 'kauft'?'
- Het antwoord is 'Der Mann' = onderwerp = 1ᵉ naamval.

4ᵉ naamval
De 4ᵉ naamval wordt gebruikt als een zinsdeel het *lijdend voorwerp is*. Hoe vind je het lijdend voorwerp?
- Zoek eerst het gezegde en het onderwerp.
- Stel daarna de vraag: 'Wie / wat + gezegde + onderwerp'?
  Wat 'kauft der Mann'?
- Het antwoord is: 'einen Trabi' = lijdend voorwerp = 4ᵉ naamval.

© Noordhoff Uitgevers b

Welke vormen horen er bij de naamvallen?
Nadat de naamval is bepaald, moet worden vastgesteld, of een woord *mannelijk*, *vrouwelijk* of *onzijdig* is of in het *meervoud* staat. Daarna kan de juiste vorm worden bepaald.

Der-groep:

	mannelijk	vrouwelijk	onzijdig	meervoud
1e	d**er** Mann	di**e** Frau	da**s** Kind	di**e** Kinder
4e	d**en** Mann	di**e** Frau	da**s** Kind	di**e** Kinder

Ein-groep:

	mannelijk	vrouwelijk	onzijdig	meervoud
1e	ein Mann	ein**e** Frau	ein Kind	kein**e** Kinder
4e	ein**en** Mann	ein**e** Frau	ein Kind	kein**e** Kinder

Opmerkingen bij de *ein*-groep:

1. De vetgedrukte uitgangen komen achter de andere woorden uit de 'ein'-groep. Tot deze groep behoren:

geen	mijn	jouw	zijn	haar	ons, onze	jullie	hun	uw
kein-	*mein-*	*dein-*	*sein-*	*ihr-*	*unser-*	*euer-*	*ihr-*	*Ihr-*

2. Achter deze woorden komt *vaak, maar niet altijd,* een uitgang. Die wordt bepaald door de naamval en het geslacht.
   Enkele voorbeelden:

Da steht mein Bruder.	1e naamval mannelijk
Ich rede mit mein***er*** Mutter.	3e naamval vrouwelijk
Ich habe ihr Etui verloren.	4e naamval onzijdig
Das ist für dein***e*** Freunde.	4e naamval meervoud

D Het voornaamwoord

(11) Het persoonlijke voornaamwoord in de 1e en 4e naamval

	ik, mij	**jij, jou**	**hij, hem**	**zij, haar**	**het**	**wij, ons**	**jullie**	**zij, hen**	**u**
1e	ich	du	er	sie	es	wir	ihr	sie	Sie
4e	mich	dich	ihn	sie	es	uns	euch	sie	Sie

Opmerking:

der-woorden vervang je door *er*:	***Der Lehrer*** ist neu.	***Er*** ist neu.
die-woorden vervang je door *sie*:	***Die Lehrerin*** ist nett.	***Sie*** ist nett.
das-woorden vervang je door *es*:	***Das Fach*** ist schwierig.	***Es*** ist schwierig.
meervoud: *die* vervang je door *sie*:	***Die Bücher*** sind schwer.	***Sie*** sind schwer.

Noordhoff Uitgevers bv

E Voorzetsels

12 Voorzetsels met de 4e naamval

Voorzetsels +4	Betekenis	Voorbeeldzinnen
durch	door	Er fährt durch *unsere* Straße.
für	voor	Was hat er für *seine* Mutter gekauft?
gegen	tegen	Seid ihr alle gegen *diese* Pläne?
ohne	zonder	Ohne *meinen* Freund gehe ich nicht in die Disko.
um	om	Was kam da plötzlich um *die* Ecke?

Opmerking:
'Voor' is *für* of *vor*:

* Bij een plaatsbepaling en tijdsbepaling wordt *vor* gebruikt:

plaatsbepaling	Der Wagen steht vor dem Haus.
tijdsbepaling	Der Unfall passierte vor einer Woche.
tijdsbepaling	Ich bin vor dir an der Reihe.

* *für* betekent 'bestemd voor'
Ich habe das für dich gemacht.
Die Paprika ist für den Salat.

F Overige

13 Het hoofdtelwoord

0	null	13	dreizehn	26	sechsundzwanzig
1	eins	14	vierzehn	27	siebenundzwanzig
2	zwei	15	fünfzehn	28	achtundzwanzig
3	drei	16	***sechzehn***	29	neunundzwanzig
4	vier	17	***siebzehn***	30	drei***ß***ig
5	fünf	18	achtzehn	40	vierzig
6	sechs	19	neunzehn	50	fünfzig
7	sieben	20	zwanzig	60	***sechzig***
8	acht	21	einundzwanzig	70	***siebzig***
9	neun	22	zweiundzwanzig	80	achtzig
10	zehn	23	dreiundzwanzig	90	neunzig
11	elf	24	vierundzwanzig	100	hundert
12	zwölf	25	fünfundzwanzig	1000	tausend

Opmerking:
Hoofdtelwoorden worden als één woord geschreven:
467 = vierhundertsiebenundsechzig
6240 = sechstausendzweihundertvierzig

14 Het rangtelwoord

1. Rangtelwoorden worden volgens onderstaande regels gemaakt:
   1 t/m 19 = getal + -te   zwei -> zwei***te***
   vanaf 20 = getal + -ste   zwanzig -> zwanzig***ste***
   Uitzonderingen: eins – *erste*, drei – *dritte*, sieben – *siebte*, acht – *achte*
2. In plaats van het uitschrijven van een rangtelwoord (dritte / zwanzigste / hundertste) kan het hoofdtelwoord worden opgeschreven, met daarachter een punt: 3. / 20. / 100.

© Noordhoff Uitgevers

15 Hoofdletters

In het Duits wordt in de volgende gevallen een hoofdletter geschreven:

• aan het begin van de zin	**K**ommst du auch?
• bij alle zelfstandige naamwoorden	**M**ann, **R**ad, **A**pfel
• bij alle aardrijkskundige namen	**B**erlin, **R**hein, **Ö**sterreich
• het persoonlijk voornaamwoord *u*	**S**ie, **I**hnen
• het bezittelijk voornaamwoord *uw*	**I**hr-
• bij eigennamen	**A**nton, Filmpark **B**abelsberg

16 Trappen van vergelijking

Hoofdregel:
klein – klein**er** – klein**st**
In de vergrotende trap: + **-er**; in de overtreffende trap + **-st**, net als in het Nederlands.
• Als een woord eindigt op -d, -t, een s-klank (s, z, ß, sch) of een klinker: in de overtreffende trap + **-est**.

laut – lauter – laut**est**	wild – wilder – wild**est**
heiß – heißer – heiß**est**	neu – neuer – neu**est**

• Sommige woorden krijgen in de vergrotende en overtreffende trap een *Umlaut*. Bij de meeste van deze woorden gaat het om tegenstellingen.

stark – st**ä**rker – st**ä**rkst	dumm – d**ü**mmer – d**ü**mmst	jung – j**ü**nger – j**ü**ngst
alt – **ä**lter – **ä**ltest	arm – **ä**rmer – **ä**rmst	warm – w**ä**rmer – w**ä**rmst
kalt – k**ä**lter – k**ä**ltest	hart – h**ä**rter – h**ä**rtest	kurz – k**ü**rzer – k**ü**rzest
lang – l**ä**nger – l**ä**ngst	schwach – schw**ä**cher – schw**ä**chst	klug – kl**ü**ger – kl**ü**gst

• Uitzonderingen:

viel – mehr – meist	gut – besser – best	gern – lieber – liebst
hoch – höher – höchst	nah – näher – nächst	groß – größer – größt

Opmerking:
Het grootst, het mooist, het snelst, worden in het Duits als volgt gevormd: **am** + overtreffende trap + **en**.

Felix läuft schnell. – Sabine läuft schneller. – Thomas läuft **am** schnellst**en**.
Ein Hund wird alt. – Ein Pferd wird älter. – Eine Schildkröte wird **am** ältest**en**.

17 in, nach en zu

1. in = *in*	Ich bin in Amsterdam.
2. na = *nach*	nach der dritten Stunde
3. naar = *nach*	a. naar een land/stad: Ich fahre nach Bern.
	b. naar links, naar rechts: nach links, nach rechts
4. naar = *zu*	a. naar personen Ich gehe zu meinen Freunden, zu Lotte, zum Arzt.
	b. als iets je doel is Ich gehe zur Apotheke, zum Fest, zur Fete.
5. naar = *in*	in een aantal vaste uitdrukkingen:

Ich gehe ins Museum.	Ich gehe ins Schwimmbad.	Ich gehe in die Sporthalle.
Ich gehe ins Theater.	Ich gehe ins Stadion.	Ich gehe in die Stadt.
Ich gehe in die Disko.	Ich gehe in die achte Klasse.	Ich fahre in die Schweiz.
Ich gehe ins / in ein Restaurant.	Ich gehe ins Kino.	

A

abarbeiten	afwerken
Abendbrot, das	het avondeten
Abenteuer, das	het avontuur
Abfahrt, die	het vertrek
Abfalleimer, der	de prullenbak
abgehen	plaatsvinden
Abgrund, der	de afgrond
Abhängigkeit, die	de afhankelijkheid
ablegen	afvaren
abnehmen	afvallen
Abneigung, die	de hekel
absagen	afzeggen
abschließen	voltooien
abwählen	laten vallen
Abwechslung, die	de afwisseling
ähnlich	zoals
allein	alleen
allerdings	echter, toch
Alltag, der	het alledaagse leven
Altersgruppe, die	de leeftijdsgroep
Ampel, die	het verkeerslicht
ändern	veranderen
anfahren	aanrijden
Anfänger, der	de beginner
Anfangsszene, die	de beginscène
Angabe, die	het gegeven
angeben	vermelden
Angebot, das	de aanbieding
angemessen	geschikt
Anlage, die	de installatie, de voorziening
Anreise, die	de heenreis
anrufen	bellen
ansehen	kijken, bekijken
Anzahl, die	het aantal
Anzeige, die	de advertentie
anziehen	aantrekken
Anzug, der	het pak
Apfelsine, die	de sinaasappel
arbeiten	werken
Arbeitgeber, der	de werkgever
Arbeitsalltag, der	het dagelijkse werk
Arbeitslosigkeit, die	de werkeloosheid
Arbeitsverhältnis, das	het dienstverband
Art, die	het soort
Aschermittwoch	Aswoensdag
aufmerksam	attent
aufwärmen	opwarmen
Augentropfen, die	de oogdruppels
Ausbildung, die	de opleiding
Ausblick, der	het uitzicht
ausfüllen	invullen
ausgeglichen	evenwichtig
ausgehen	uitgaan
ausgelassen	uitbundig
ausgezeichnet	uitstekend, overheerlijk
Aushilfekraft, die	de hulpkracht
auskommen (mit)	overweg kunnen met
auskühlen	laten afkoelen
Ausland, das	het buitenland
ausrüsten	voorzien
aussehen	uitzien
außer	behalve
außerdem	bovendien
außergewöhnlich	buitengewoon
Aussicht, die	het uitzicht
aussteigen	uitstappen
Ausweis, der	de legitimatie, het identiteitsbewijs
Auszeit, die	de time-out
authentisch	authentiek

B

Backblech, das	de bakplaat
bald	binnenkort
barfuß	blootsvoets
Bauch, der	de buik
bedeutend	belangrijk, vooraanstaand
beenden	beëindigen
begegnen	ontmoeten
begeistert	enthousiast
Begeisterung, die	het enthousiasme
beibehalten	behouden, handhaven
beieinander	bij elkaar
beigeben	toevoegen
beitragen	bijdragen
bekommen	krijgen
beleuchtet	verlicht
benötigen	nodig hebben
benutzen	gebruiken

© Noordhoff Uitgevers

bequem	gemakkelijk
Beratung, die	het advies
Bereich, der	de zone, het gebied
bereits	al
Berglandschaft, die	het berglandschap
Bergsteigerin, die	de klimster
beruflich	beroepsmatig
beruhigen	kalmeren
Bescheid, der	de informatie
Beschreibung, die	de beschrijving
Beschwerde, die	de klacht
bestimmt	beslist
Besuch, der	het bezoek
Betäubung, die	de verdoving
Beteiligte, der	de deelnemer
beten	bidden
betreuen	begeleiden
Betrieb (in)	in bedrijf
Betrieb, der	het bedrijf
betrinken	bezatten
betrügen	bedriegen
bewerben	solliciteren
Bewerbung, die	de sollicitatie
Bewusstseinsbildung, die	de bewustmaking
bezahlen	betalen
billig	goedkoop
bitterkalt	ijskoud
bleiben	blijven
brauchen	gebruiken, nodig hebben
brechen	breken
breit	breed
Brücke, die	de brug
buchen	boeken
Büroarbeit, die	het kantoorwerk
Bußgeld, das	de boete

Couch, die	de bank

Dachgepäckträger, der	het bagagerek op het dak
damals	toen
Dauer, die	de duur
deshalb	daarom
deutlich	duidelijk
Die Regale	de vakken, de schappen
doppelt	dubbel
draußen	buiten
drehen	draaien, een film opnemen
Droge, die	de drug
drohen	dreigen
dröhnen	dreunen
durcheinander	door elkaar
Durchmesser, der	de diameter
durchsagen	omroepen
Durchschnittsgeschwindigkeit, die	de gemiddelde snelheid

E

ebenfalls	eveneens, ook
Ecke, die	de hoek
eifersüchtig	jaloers
Eigenschaft, die	de eigenschap
Eignungsprüfung, die	het toelatingsexamen
einfach	makkelijk
einführen	importeren
Einkaufsliste, die	de boodschappenlijst
einladen	uitnodigen
Einsamkeit, die	de eenzaamheid
einschüchtern	intimideren
einsetzen	inzetten
einsteigen	instappen
einverstanden sein	akkoord gaan
Einverständniserklärung, die	de toestemmingsverklaring
Einzelfahrschein, der	het enkeltje (treinkaart)
einzig	enig
Eislauf, der	het (langebaan) schaatsen
Elch, der	de eland
Empfänger, der	de ontvanger
empört	boos
entfernen	verwijderen
entfernt	verwijderd
enthalten	bevatten
entschärfen	ontmantelen
Entstehung, die	het ontstaan
Ereignis, das	het evenement
erfinden	uitvinden
Erfindung, die	de uitvinding

© Noordhoff Uitgevers bv

Erfolg, der	het succes
erfolgreich	succesvol
ergänzen	aanvullen
ergeben	blijken
Erinnerung, die	de herinnering
erkälten (sich)	kou vatten
Erkältung, die	de verkoudheid
Erlebnis, das	de belevenis, de ervaring
erleichtert	opgelucht
ermöglichen	mogelijk maken
Ernährung, die	de voeding
eröffnen	openen
erreichen	bereiken
erscheinen	uitkomen
erschnüffeln	speuren
erschöpft	uitgeput
erstaunlich	verbazingwekkend
erwarten	wachten
erzählen	vertellen
etwa	ongeveer

F

Fähigkeit, die	de vaardigheid
Fahrzeug, das	het voertuig
fälschen	vervalsen
Familienstand, der	de burgerlijke staat
faulenzen	luieren
fehlen	ontbreken, missen
Ferienunterkunft, die	het vakantieverblijf
Ferienwohnung, die	het vakantiehuis
Fernseher, der	de televisie
Fernsehwelt, die	de televisiewereld
Festanstellung, die	de vaste baan
Festplatte, die	de harde schijf
Fettsäure, die	het vetzuur
Feuerwerk, das	het vuurwerk
Fieber, das	de koorts
Fläche, die	de vlakte
Flughafen, der	het vliegveld
Forscher, der	de onderzoeker
freischalten	vrijgeven
Fremdsprachenkenntnis, die	de talenkennis
Freude, die	de vreugde
Freundeskreis, der	de vriendenkring
Freundschaft, die	de vriendschap
Friseurin, die	de kapster
froh	blij
Frost, der	de vorst
frösteln	huiveren
fühlen	voelen
Führerschein, der	het rijbewijs

G

Gastgeber, der	de gastheer, de gastvrouw
Gebell, das	het geblaf
Geburtsort, der	de geboorteplaats
geeignet	geschikt
Gefahr, die	het gevaar
gefährlich	gevaarlijk
gefallen	bevallen
gegen	tegen
Gegenstand, der	het voorwerp
gemein	gemeen
Gemeinde, die	de gemeente
Gemüse, das	de groente
genau	precies
Geräte, die	de apparatuur
geraten	raken, komen
geschäftlich	zakelijk
Geschwindigkeit, die	de snelheid
Gewalttat, das	de geweldpleging
glänzen	glanzen
glauben	geloven
gleichzeitig	gelijktijdig
Gleis, der	het spoor
glühen	gloeien
graben	graven
Grenze, die	de grens
großartig	groots, geweldig
gründen	oprichten
grundsätzlich	in principe
Gruppe, die	de groep
gültig	geldig
gutbürgerlich	degelijk, eenvoudig

© Noordhoff Uitgevers b

Hallenbad, das	het binnenbad
Halsschmerzen, die	de keelpijn
Handschuh, der	de handschoen
hassen	haten
Hauptrolle, die	de hoofdrol
hauptsächlich	hoofdzakelijk
hausgemacht	huisgemaakt
heiraten	trouwen
Heiratsantrag, der	het huwelijksaanzoek
Hersteller, der	de fabrikant
Herz, das	het hart
heulen	huilen
Heulkrampf, der	de huilbui
Heuschnupfen, der	de hooikoorts
Himmel, der	de hemel
hinzukommen	bijkomen
Hochzeit, die	de bruiloft, de trouwerij
hoffen	hopen
Höhenfeuer, das	het vreugdevuur
Höhepunkt, der	het hoogtepunt
Holz, das	het hout
Holzfußboden, der	de houtenvloer
hupen	toeteren
Hüter, der	de hoeder

immer	altijd
inbegriffen	inbegrepen
Industriezweig, der	de bedrijfstak
innerhalb	binnen
Insel, die	het eiland
insgesamt	totaal
irgendwo	ergens

Jobwechsel, der	van baan veranderen

K

Kaffee, der	de koffie
Kanalrohr, das	de rioolbuis
Kappe, die	de pet
Kaufmann, der	de commercieel medewerker
kaum	nauwelijks
Kerzenlicht, das	het kaarslicht
Kiefer, der	de kaak
Kino, das	de bioscoop
klären	oplossen
Klatschgeschichte, die	de roddel
Klavier, das	de piano
klettern	klimmen
klitschnass	kletsnat
Knoten, der	de knoop
Koch, der	de kok
Kondensmilch, die	de koffiemelk
Kontaktaufnahme, die	contact opnemen met
Korken, der	de kurk
kostenlos	gratis
Kräuter, die	de kruiden
Kreisverkehr, der	de rotonde
Kreuz, das	het kruis
Kreuzung, die	de kruising
kriegen	krijgen
Krise, die	de crisis
Küche, die	de keuken
kugelsicher	kogelvrij
kümmern	zorgen voor
kündigen	ontslag nemen
Künstlername, der	de artiestennaam
Kurort, der	het kuuroord
Kursleiter, der	de instructeur
kurz	kort

lächeln	glimlachen
Ladung, die	de lading
Lagerfeuer, das	het kampvuur
Landesschulrat, der	de onderwijsinspectie
Landschaft, die	het landschap
Landwirtschaft, die	de landbouw
Länge, die	de lengte

© Noordhoff Uitgevers bv

Lastkraftwagenfahrer, der	de vrachtwagenchauffeur
Laune, die	het humeur
leicht	licht
leider	helaas
leihen	lenen, huren
Leinwand, die	het scherm
lenken	besturen
Lichtanlage, die	de lichtinstallatie
Lieferung, die	de levering
Löffel, der	de lepel
Luft, die	de lucht
Lungenentzündung, die	de longontsteking

M

manchmal	soms
märchenhaft	sprookjesachtig
Meeresblick, der	het zeezicht
mehrjährig	meerjarig
meistens	meestal
Menge, die	de boel
messen	meten
mieten	huren
Mine, die	de landmijn
Mitarbeiter, der	de medewerker
mitbringen	meenemen
Mitglied, das	het lid
Mittelalter, das	de middeleeuwen
mittlerweile	inmiddels
Mofa, das	de snorfiets
Mühe, die	de moeite
Muskel, der	de spier

Nachricht, die	het bericht
Nähe, die	de nabijheid
Nahverkehr, der	het streekvervoer
Nase, die	de neus
Nationalfeiertag, der	de nationale feestdag
Natureisbahn, die	de natuurijsbaan
neben	naast
Neugier, die	de nieuwsgierigheid
neugierig	nieuwsgierig
notwendig	nodig, noodzakelijk
nutzen	gebruiken

Obst, das	het fruit
öffentlich	openbaar
öffnen	openen
oft	vaak
ohne	zonder
Öl, das	de olie
ordentlich	netjes
Ordnung, die	de orde
Ort, der	de plaats

Parkscheinautomat, der	de parkeerautomaat
passieren	gebeuren
Passwort, das	het wachtwoord
pauschal	alles inbegrepen
Pferd, das	het paard
Pfote, die	de poot
Platz, der	de plek, de plaats
platzen	barsten
plaudern	kletsen
Polizeiwache, die	het politiebureau
Pommes, die	de patat
Praktikum, das	de stage
Privataufzug, der	de privé-lift
Privatsphäre, die	de privacy
Pulverschnee, der	de poedersneeuw
pünktlich	op tijd
Pünktlichkeit, die	de stiptheid

Quadratmeter, der	de vierkante meter
quälen	pesten

Raum, der	de ruimte
raussuchen	uitzoeken
rechnen	rekenen
Regenwald, der	het regenwoud
Reiche, der	de rijke
Reiseleiter, der	de reisleider
Reiseziel, das	de vakantiebestemming

© Noordhoff Uitgevers bv

restlich	resterend
Rettung, die	de redding
Rohstoff, der	de grondstof
Rucksack, der	de rugzak
rufen	roepen
Ruhe, die	de rust

S

sagenhaft	geweldig
sämtlich	alle
Sanitäter, der	de ziekenbroeder
Sanitätsposten, der	de EHBO-post
schaffen	lukken
Schaffner, der	de conducteur
schämen	schamen
schauen	bekijken
schießen	schieten
Schiff, das	het schip
Schlafanzug, der	de pyjama
Schlafmangel, der	het slaaptekort
Schlafsack, der	de slaapzak
Schlepplift, der	de sleeplift
schlittenfahren	sleeën
Schlittenhund, der	de sledehond
Schloss, das	het slot, het kasteel
Schlucht, die	het ravijn
Schlüssel, der	de sleutel
Schmerz, der	de pijn
Schmetterling, der	de vlinder
schmieren	smeren
schmücken	versieren
Schneeballschlacht, die	het sneeuwballengevecht
Schneeflocke, die	de sneeuwvlok
schneien	sneeuwen
schreien	schreeuwen
schütteln	schudden
schützen	beschermen
schwach	zwak
schweben	zweven
schwer	zwaar
schwimmen	zwemmen
schwitzen	zweten
schwören	zweren
Segel, das	het zeil
Seil, das	het touw
selbständig	zelfstandig
Sendung, die	de uitzending
Sich aufregen	zich opwinden
sich gönnen	zich gunnen
Sich verabreden	afspreken
Sicherheit, die	de veiligheid
sicherlich	zeker
Sieg, der	de zege
sofort	meteen
sogar	zelfs
Sonnenschutz, der	de zonnebrandcrème
Sorge, die	de zorg
Sorte, die	de soort
spät	laat
Speisesaal, der	de eetzaal
spinnen	uit je nek kletsen
Spitzname, der	de bijnaam
spritzen	spuiten
Spritzsack, der	de spuitzak
Stammtisch, der	de stamtafel
ständig	steeds
Standort, der	de vestiging
Staudamm, der	de stuwdam
staunen	versteld staan, zich verbazen
Stich, der	de steek
Straftat, die	het delict
Straßenpflaster, das	de straat
Strecke, die	de route
Streit, der	de ruzie
suchen	zoeken
Sucht, die	de verslaving
Surfbrett, das	de surfplank

tagsüber	overdag
Tal, das	het dal
Tannenzapfen, der	de dennenappel
tatsächlich	daadwerkelijk
Taucher, der	de duiker
Teil, der	het deel
teuer	duur
Tierschutz, der	de dierenbescherming

© Noordhoff Uitgevers bv

töten	doden
Träne, die	de traan
Traumfrau, die	de droomvrouw
Traumurlaub, der	de droomvakantie
traurig	verdrietig
treffen	ontmoeten
trennen	scheiden
trocken	droog
trocknen	drogen
Turnier, das	het toernooi
Türsteher, der	de uitsmijter

übernachten	overnachten
überraschend	verrassend
Überraschung, die	de verrassing
Übertragung, die	de uitzending
Ufer, das	de oever
Uhrzeit, die	het tijdstip
umbauen	verbouwen
umfassen	omvatten
umsehen	rondkijken
umsonst	gratis
umsteigen	overstappen
unabhängig	onafhankelijk
Unfall, der	het ongeluk
ungesättigt	onverzadigd
Unterbrechung, die	de onderbreking
Unterkunft, die	het onderdak
Unternehmen, das	het bedrijf
unterschiedlich	verschillend
unterschreiben	tekenen (handtekening)
unterstützen	ondersteunen
Untersuchung, die	het onderzoek
unvergesslich	onvergetelijk

verabschieden	afscheid nemen
Veranstaltung, die	het evenement
verbrauchen	verbruiken
vereinbaren	overeenkomen
Vereinbarung, die	de overeenkomst
verfügbar	beschikbaar
Vergangenheit, die	het verleden
vergessen	vergeten
vergnügen	vermaken
verhalten (sich)	zich gedragen
verknallen (sich)	verliefd worden op
verknallt	verliefd
Verleih, der	de verhuur
veröffentlichen	publiceren
verrückt	gek
versandkostenfrei	geen verzendkosten
verschicken	versturen
verschütten	bedelven
verschwinden	verdwijnen
Versicherung, die	de verzekering
Verspätung, die	de vertraging
verständigen	verstaanbaar maken
verstauen	opbergen, stouwen
verstecken	verstoppen
verstoßen	verstoten
verteidigen	verdedigen
verursachen	veroorzaken
verwöhnen	verwennen
verzweifeln	wanhopen
Viehchen, das	het beestje
vorbeikommen	langskomen
vorheizen	voorverwarmen
Vortrag, der	de lezing

wach	wakker
wählen	kiezen
während	terwijl
Währung, die	de valuta
Wasserskifahren, das	het waterskiën
wechseln	wisselen
weinen	huilen
Weisheitszahn, der	de verstandskies
Welpe, der	de puppy
Welt, die	de wereld
weltweit	wereldwijd
Wendepunkt, der	het keerpunt
wesentlich	in essentie, voornamelijk
Wettbewerb, der	de competitie, de wedstrijd
wetterfest	weerbestendig

© Noordhoff Uitgevers bv

Wettervorhersage, die	de weersvoorspelling
wichtig	belangrijk
Windel, die	de luier
Wirtschaft, die	de economie
Wissenschaftler, der	de wetenschapper
wundern	verwonderen, verbazen
wünschen	wensen
Wut, die	de woede

zählen	tellen
zahlreich	talrijk
Zahnarzt, der	de tandarts
Zahnstein, der	het tandsteen
zeigen	tonen
Zeitschrift, die	het tijdschrift
Zelle, die	de cel
Zelt, das	de tent
zerbrechen	breken
Zeuge, der	de getuige
Ziege, die	de geit
ziehen	trekken
Ziel, das	het doel
Zubereitung, die	de toebereiding
zufügen	toevoegen
Zugang, der	de toegang
Zukunft, die	de toekomst
zurück	terug
zusätzlich	extra
zuverlässig	betrouwbaar
Zuverlässigkeit, die	de betrouwbaarheid
zwar	weliswaar
zweifeln	twijfelen
zwischen	tussen

DÄNEMARK
OSTSEE
NORDSEE
SCHLESWIG-
HOLSTEIN
Kiel
Rostock
MECKLENBURG-
VORPOMMERN
Schwerin
Hamburg
Bremerhaven
Bremen
Elbe
POLEN
Oder
NIEDERSACHSEN
Ems
Weser
Berlin
SACHSEN-
ANHALT
Wolfsburg
Hannover
Braunschweig
NIEDERLANDE
Osnabrück
Hildesheim
Salzgitter
Magdeburg
BRANDENBURG
Münster
Bielefeld
NORDRHEIN-
WESTFALEN
HARZ
Spree
Hamm
Paderborn
Gelsenkirchen
Oberhausen
Duisburg
Dortmund
Krefeld
Essen
Bochum
Hagen
Mönchen-
gladbach
Düsseldorf
Neuss
Remscheid
Solingen
Leverkusen
Köln
Göttingen
Kassel
Halle
Leipzig
SACHSEN
Dresden
Aachen
Siegen
Erfurt
Jena
Gera
Chemnitz
Zwickau
THÜRINGEN
THÜRINGER WALD
ERZGEBIRGE
Rhein
BELGIEN
EIFEL
Koblenz
HESSEN
RHEINLAND-
PFALZ
Wiesbaden
Frankfurt
Offenbach
Mainz
Darmstadt
Mosel
Main
LUXEM-
BURG
Würzburg
TSCHECHISCHE
REPUBLIK
SAARLAND
Kaiserslautern
Mannheim
Ludwigshafen
Heidelberg
Saarbrücken
Neckar
Erlangen
Fürth
Nürnberg
Karlsruhe
Pforzheim
BADEN-
WÜRTTEMBERG
Regensburg
BAYERISCHER WALD
Stuttgart
Ingolstadt
BAYERN
Donau
Reutlingen
Augsburg
FRANKREICH
SCHWARZWALD
Iller
Inn
Freiburg
München
ÖSTERREICH
ALPEN
SCHWEIZ
0
125 km

© Noordhoff Uitgevers b

TSCHECHISCHE REPUBLIK
SLOWAKEI
DEUTSCHLAND
UNGARN
SCHWEIZ
ITALIEN
SLOWENIEN
KROATIEN
LIECHTEN-
STEIN
MÜHLVIERTEL
WALDVIERTEL
INNVIERTEL
OBERÖSTERREICH
NIEDERÖSTERREICH
WIEN
BURGENLAND
SALZBURG
STEIERMARK
KÄRNTEN
TIROL
VORARL-
BERG
NIEDERE TAUERN
HOHE TAUERN
ÖTZTALER
ALPEN
KARAWANKEN
Zistersdorf
Krems
Wien
Melk
Linz
Wels
Traun
Steyr
Amstetten
Braunau
Wiener Neustadt
Neusiedler
See
Gmunden
Mariazell
Salzburg
Bad Ischl
Hallein
Bad Aussee
Eisenerz
Mürzzuschlag
Enns
Leoben
Bodensee
Sankt Johann
in Tirol
Kitzbühel
Zell am See
Kaprun
Hochgolling
2862 m
Knittelfeld
Graz
Bregenz
Rhein
Feldkirch
Lech
Inn
Innsbruck
Zell am Ziller
Landeck
Badgastein
Köflach
Grossglockner
3797 m
Reutlingen
Serfaus
Spittal an
der Drau
Leibnitz
Lienz
Drau
Villach
Klagenfurt
0 100 km

DEUTSCHLAND
FRANKREICH
ÖSTERREICH
ITALIEN
SCHAFF-
HAUSEN
Schaffhausen
Bodensee
Rhein
THURGAU
Winterthur
Sankt Gallen
Basel
BASEL
LIESTAL
ZÜRICH
Zürich
JURA
Olten
AARGAU
HERISAU
APPEN-
ZELL
SOLOTHURN
Zürichsee
Aare
Solothurn
Biel
LUZERN
ZUG
SCHWYZ
Doubs
JURA
Neuchâtel
Luzern
Weggis
GLARUS
NEUCHÂTEL
Bern
Vierwaldstätter
See
NIDWALDEN
Altdorf
Chur
SILVRETTA
Lac de
Neuchâtel
Fribourg
BERN
OBWALDEN
MIDWALDEN
GLARNER ALPEN
Arosa
Davos
Thun
URI
Rhein
Interlaken
Aare
GRAUBÜNDEN
VAUD
FRIBOURG
Inn
ENGADIN
Sankt Moritz
Lausanne
BERNER ALPEN
Finsteraarhorn
4274 m
TICINO
Genfersee
Montreux
Brig
GENF
Genf
Sion
Rhône
Bellinzona
VALAIS
Locarno
Ascona
Martigny
Zermatt
Lugano
Matterhorn
4478 m
Lago
Maggiore
0 50 km

Verantwoording

Foto's:

Imageselect, Wassenaar: p. 6-7, 7 (1, 3), 15 mb, 23 (11, r), 27 o

Picture-Alliance, Frankfurt: p. 7 (2), 10 (7, 8), 11 (10), 15 mo, 21, 27 b, m, 31 (1, 3), 33, 34 (7), 35 (10), 42-43, 43 b, 43 m, 45, 55 b, 55 o, 57, 58, 59 m, 62 rb, 63 o, 67 b, 67 o, 69, 70 lo, 78-79, 79 b, m, o, 81, 82 b, o, 83 rb, lo, 90-91, 91 m, o, 93, 94 b, o, 99 b, m, 104 b, o, 105 b, o, 109, 110 b, o (3x), 113 lb, o

Carine Ettema, Utrecht: p. 8, 20, 32, 44, 56, 68, 80, 92

Hollandse Hoogte, Amsterdam: p. 9, 15 o, 19 (3), 46 r, 51 o, 63 m, 71 o, 75 b, 86, 103 lb, rb, 113 m

Uli Stein / Catprint Media, Langenhagen: p. 10 (9), 22 (9), 35 (9), 46 l, 59 o, 70 rm, 83 lb, 95 o

Shutterstock: p. 11 (11), 23 (10, 6 x), 23 (11, l), 26, 31 (2), 35 (11), 38, 51 m, 59 b, 62 lb, 67 m, 103 o

Fresh Images / Reporters, Haarlem: p. 14, 15 b, 18-19, 19 (2), 22 (8), 30-31, 47 b, 70 b, 75 o, 99 o, 112 o

iStockphoto: p. 19 (1), 43 o, 91 b, 102-103, 113 rb

www.youngaustria.com: p. 34 (8)

Bergfex, http://www.bergfex.at: p. 39 b

WSL-Institut für Schnee- und Lawinenforschung SLF, www.whiterisk.org: p. 39 mb

Sports Tracker, http://www.sports-tracker.com: p. 39 mo

Après Ski, http://wrapware.de/android/apresski.html: p. 39 o

Getty Images: p. 47 o, 51 b, 54-55, 63 b, 66-67, 71 b, 71 m

Imageselect, Wassenaar: p. 50, 75 m, 95 b

Ullstein Bild / Lineair, Arnhem: p. 55 m

Digital Stock: p. 75

Dvd 'Hanni & Nanni 3': p. 82 lm

Gentleman, 'New Day Dawn': p. 82 rm

Bravo, Popcorn, Bravo Sport, Cool!: p. 87

Image State: p. 98

http://www.smallestwhiskybaronearth.com: p. 104 m

Dreamstime: p. 106

Keystone, Zürich: p. 107 b

Andreas Graber / www.orangecinema.ch: p. 107 o

grindelwaldSPORTS AG / www.indoorseilpark.ch: p. 108 o

Christian H. Hildebrand / fotozug.ch: p. 111

Michael Marti & Peter Wälty, 'James Bond und die Schweiz': p. 112 b

Illustraties:

Roel Venderbosch, Nijmegen: p. 3, 4-5, 6-7, 11 (logo Headway), 13, 17, 18-19, 25, 28, 31, 37, 41, 43, 49, 53, 54-55, 61, 65, 67, 73, 76, 79, 85, 89, 91, 97, 100, 1 (Anhang)

Peter Fitzverploegh, Utrecht: p. 12, 24, 36, 48, 60, 72, 84, 96

Richard Flohr, De Meern: p. 108 b

Met betrekking tot sommige teksten en/of illustratiemateriaal is het de uitgever, ondanks zorgvuldige inspanningen daartoe, niet gelukt eventuele rechthebbende(n) te achterhalen. Mocht u van mening zijn (auteurs)rechten te kunnen doen gelden op teksten en/of illustratiemateriaal in deze uitgave dan verzoeken wij u contact op te nemen met de uitgever.

We have done our utmost to find the addresses of copyright holders from whose work we have borrowed extracts. Despite our efforts we do not always succeed. We kindly invite all those concerned to contact us.

Colofon:

Omslagontwerp: Lava, Amsterdam

Vertaling vormgeving omslag: Marieke Zwartenkot, Amsterdam

Ontwerp binnenwerk: Marieke Zwartenkot, Amsterdam

Omslagfoto's: Shutterstock, Hollandse Hoogte

Opmaak: OKS, Chennai (India)

© Noordhoff Uitgevers

© 2014 Noordhoff Uitgevers bv, Groningen, The Netherlands.
ISBN 978-90-01-82562-1

Behoudens de in of krachtens de Auteurswet van 1912 gestelde uitzonderingen mag niets uit deze uitgave worden verveelvoudigd, opgeslagen in een geautomatiseerd gegevensbestand of openbaar gemaakt, in enige vorm of op enige wijze, hetzij elektronisch, mechanisch, door fotokopieën, opnamen of enige andere manier, zonder voorafgaande schriftelijke toestemming van de uitgever. Voor zover het maken van reprografische verveelvoudigingen uit deze uitgave is toegestaan op grond van artikel 16h Auteurswet 1912 dient men de daarvoor verschuldigde vergoedingen te voldoen aan Stichting Reprorecht (postbus 3060, 2130 KB Hoofddorp, www.reprorecht.nl). Voor het overnemen van gedeelte(n) uit deze uitgave in bloemlezingen, readers en andere compilatiewerken (artikel 16 Auteurswet 1912) kan men zich wenden tot Stichting PRO (Stichting Publicatie- en Reproductierechten Organisatie, postbus 3060, 2130 KB Hoofddorp, www.stichting-pro.nl).
All rights reserved. No part of this publication may be reproduced, stored in a retrieval system, or transmitted, in any form or by any means, electronic, mechanical, photocopying, recording, or otherwise, without the prior written permission of the publisher.

0 / 14

250334